Stundenblätter
„Woyzeck"

Ruth Freifrau von Liebenstein-Kurtz

Stundenblätter
„Woyzeck"

28 Seiten Beilage

Ernst Klett Verlag für Wissen und Bildung
Stuttgart · Dresden

Reihe: Stundenblätter Deutsch
Herausgeber dieses Heftes: Jürgen Wolff

In der Klett-Reihe Editionen für den Literaturunterricht ist erschienen:
Georg Büchner, Woyzeck. Text und Materialien.
Materialien ausgewählt und eingeleitet von Thomas Kopfermann und
Hartmut Stirner.
Stuttgart 1986.
Klettbuch 3516
Nach dieser Ausgabe wird zitiert.

Gedruckt auf Recyclingpapier, hergestellt aus 100% Altpapier

Die Deutsche Bibliothek – CIP-Einheitsaufnahme

Liebenstein-Kurtz, Ruth Freifrau von:
Stundenblätter „Woyzeck" / Ruth Freifrau von Liebenstein-Kurtz. –
– 3. Aufl. – Stuttgart; Dresden: Klett, Verlag für Wissen und Bildung, 1994
  (Reihe: Stundenblätter Deutsch)
  ISBN 3-12-927328-X

3. Auflage 1994
Alle Rechte vorbehalten
© Ernst Klett Verlag für Wissen und Bildung GmbH, Stuttgart 1989
Satz: G. Müller, Heilbronn; Wilhelm Röck, Weinsberg
Druck: Wilhelm Röck, Weinsberg
Einbandgestaltung: Zembsch' Werkstatt, München
ISBN 3-12-927328-X

Inhalt

Einleitung

Editionsproblematik

Büchners Mitteilung an seine Braut Minna Jaeglé im Januar 1837, daß er „in längstens acht Tagen *Leonce und Lena* mit noch zwei anderen Dramen erscheinen lassen" werde (dtv-Ausgabe, S. 291), wird heute allgemein auf *Woyzeck* bezogen. Ob es sich bei dem anderen erwähnten Stück um das als verschollen geltende Werk *Pietro Aretino* oder um einen Neudruck von *Dantons Tod* handelte, ist dagegen ungewiß. Auch wenn Büchners Zeitangabe nicht allzu wörtlich genommen werden darf, so geht die Forschung heute davon aus, daß Büchner zum Zeitpunkt seines Todes kurz vor der Vollendung des *Woyzeck*-Dramas stand. Wahrscheinlich hatte er ab Herbst 1836 daran gearbeitet. (Nur vereinzelt wird Frühjahr 1836 [M. Benn, 1976] oder Sommer 1836 [E. Krause (Hrsg.), 1969] als Entstehungsbeginn angenommen.) Das Stück blieb aber Fragment, und daher wird nie geklärt werden können, ob der Dramatiker noch Änderungen geplant hatte oder welche endgültige Szenenfolge er festgelegt hätte.

Woyzeck ist in drei Handschriften überliefert. Sie befanden sich bis 1918 im Besitz der Familie Büchner, wurden dann vom Insel-Verlag angekauft und werden seit 1924 im Goethe- und Schiller-Archiv in Weimar aufbewahrt. Die erste Handschrift besteht aus der sogenannten Foliofassung mit fünf nicht numerierten Bogen im Folioseitenformat und umfaßt 30 Szenen; sie wird meist in zwei (wahrscheinlich nacheinander entstandene) Fassungen unterteilt: H 1 mit 21 Szenen, H 2 mit 9 Szenen. (Die abgekürzten Fassungsbezeichnungen sind auch im folgenden der Lehmann-Ausgabe entnommen.) Die zweite Handschrift (H 3) enthält die zwei Szenen des Quartblattes („Der Hof des Professors", „Der Idiot. Das Kind. Woyzeck"); diese sind nach allgemeiner Auffassung später entstanden. Als letzte Entstehungsstufe sah man bisher die Quartfassung der dritten Handschrift (H 4) an, die auf sechs Bogen im Quartseitenformat 17 Szenen enthält. Die Handschriften geben keinen Aufschluß über den vorgesehenen Dramentitel.

Man geht somit von drei Fassungen (H 1, H 2 und H 4) aus, während die beiden Szenen von H 3 nur als Einzelszenen gewertet werden. Die zeitliche Reihenfolge zwischen H 1 und H 2 ist allerdings immer noch umstritten. In jüngster Zeit ist von Henri Poschmann (1985) sogar die bisher gängige Annahme, daß die Quartfassung der dritten Handschrift (H 4) die ausgereifteste Fassung sei, angezweifelt worden und H 3 als letzte Entstehungsstufe vorgeschlagen worden.

Die drei Fassungen unterscheiden sich nicht nur in den Namen, die für die Hauptpersonen gebraucht werden (Margreth, Louis, Woyzecke [H 1]; Louise(l), Franz, Woyzeck [H 2]; Marie, Woyzeck, Franz [H 4]), sondern zeigen auch eine fortschreitende Veränderung der Dramenkonzeption. So wird Woyzecks Abhängigkeitsverhältnis zunehmend betont: war er in H 1 nur mit dem Tambourmajor konfrontiert, so kamen in H 2 der Doctor und – als Figur noch nicht ganz ausgereift – der Hauptmann hinzu, der dann erst in H 4 volles Gewicht erhält. Die ursprüngliche individuelle Eifersuchtsthematik wird immer mehr in gesellschaftliche Zusam-

5

menhänge gestellt, so daß die soziale Akzentuierung zunimmt. Auch die Sprache der Unterschichtsfiguren gewinnt an Authentizität, sie wird bruchstückhafter, kürzer. Dazu trägt die ebenfalls zunehmende Verwendung von Volksliedern und Bibelanspielungen als schichtenspezifisches Sprachgut bei. Hatte sich Büchner in der ersten Fassung noch mehr an dem Fall Schmolling als Quelle orientiert, so überwiegt in den späteren Fassungen der Einfluß des historischen Woyzeck-Falls (weitere Einzelheiten zu den Quellen sind der 11./12. Stunde zu entnehmen).

Dem Bemühen um eine möglichst authentische Textwiedergabe stehen aber nicht nur Probleme der Szenenfolge bzw. Szenenfassungen entgegen, sondern auch die schwierige Lesbarkeit der Manuskripte. Sowohl die undeutliche Handschrift Büchners als auch der Zustand des verwendeten, qualitativ schlechten Schreibmaterials erschwerten Entzifferungsversuche schon im letzten Jahrhundert. Bereits Karl Emil Franzos, der Herausgeber der ersten Gesamtausgabe von Büchners Werken und Schriften (1879), behandelte einige Stellen der Handschrift mit destilliertem Wasser und Schwefelammoniak. Nach kurzfristiger Verstärkung der Schriftzüge verblaßten diese aber stärker als vorher, so daß sich der Zustand der Handschriften mit den Jahren weiter verschlechterte.

Es ist nicht verwunderlich, daß die unklare Handschriftenlage und das Fehlen einer endgültigen Dramenfassung zu einer Fülle von Editionen mit unterschiedlichen Textvorschlägen führte. Der folgende Überblick über die Editionsgeschichte beschränkt sich dabei auf die wichtigsten Ausgaben.

Da Büchners Bruder Ludwig das *Woyzeck*-Fragment nicht in seine Veröffentlichung nachgelassener Schriften (1850) mit einbezogen hatte, weil ihm das Manuskript schlecht entzifferbar schien und außerdem zu viel „Triviales" und zu viele „Cynismen" enthielt (zitiert nach Poschmann, 1985, S. 123), erschien das Werk in Buchform zum erstenmal 1879 in der oben erwähnten Gesamtausgabe von Franzos. (Ein Zeitschriftenvorabdruck war bereits 1875 und 1877 erschienen.) Dieser gab dem Stück aufgrund einer fälschlichen Lesung des Figurennamens den Titel *Wozzeck,* der sich über die Uraufführung des Werks in München 1913 hinaus bis Anfang der zwanziger Jahre hartnäckig hielt und von Alban Berg sogar noch 1925 für seine gleichnamige Oper verwendet wurde. Die Dramenfassung dieser Erstausgabe ist allerdings stark entstellt, nicht zuletzt durch den Versuch des Herausgebers, den Text den damaligen, noch von der Klassik geprägten, ästhetischen Vorstellungen anzupassen, was sich bereits in der Bezeichnung „Ein Trauerspiel-Fragment" widerspiegelt.

1920 erschien eine Einzelausgabe mit einer verbesserten Textversion, herausgegeben von Georg Witkowski, die aber noch nicht die verschiedenen Entstehungsschichten wiedergab. Dies leistete erst die Gesamtausgabe von Fritz Bergemann von 1922, der damit eine anerkannte Standardfassung schuf. Die große Verbreitung und Popularität dieser Ausgabe konnten auch spätere Editionen in den nächsten Jahrzehnten nicht übertreffen.

Erst in den sechziger Jahren mehrten sich dann die Einwände gegen die Bergemannsche Ausgabe, nicht zuletzt wegen der inzwischen gewachsenen Ansprüche der Editionsforschung. Sowohl die z.T. stark in den Text eingreifende Interpunktion Bergemanns als auch die Vermischung unterschiedlicher Entstehungsstufen in der Lese- und Bühnenfassung bzw. unbegründete Szenenumstellungen wurden bemängelt. So stellte Bergemann – wie vor ihm schon Franzos – die in der letzten

6

Fassung H 4 fest eingebundene Hauptmann-Woyzeck-Szene H 4, 5 (s. Klett Editionen, Szene 5) ohne zwingenden Grund an den Anfang des Stücks. Viele folgenden Editionen und Bühnenaufführungen übernahmen diesen Anfang mit der Rasierszene, der heute als überholt gilt.

Die Unzufriedenheit mit den vorliegenden Textfassungen führte Ende der sechziger Jahre zu mehreren wichtigen Editionen. Die bei weitem einflußreichste unter ihnen war die 1967 erschienene historisch-kritische Ausgabe von Werner R. Lehmann, deren weite Verbreitung an den Erfolg Bergemanns anknüpfte. Sie enthält nicht nur eine Lese- und Bühnenfassung des Dramentextes, sondern bietet auch eine Synopse der verschiedenen Entstehungsstufen, die die von Büchner vorgenommenen Veränderungen verdeutlicht. Im Klett Editionenheft wird diese Textfassung übernommen.

Bemühten sich Lehmann und seine Vorgänger noch um eine Lese- und Bühnenfassung des Stücks, nicht zuletzt, um die literarische Kommunikation mit einem breiteren Publikum zu erhalten, so verzichteten sowohl Egon Krause in seiner Ausgabe von 1969 als auch Lothar Bornscheuer (1972) darauf. Besonders letztere Ausgabe ist für den textkritisch Arbeitenden sehr wertvoll, da sie Synopsen der verschiedenen Lesarten von Bergemann, Lehmann und seiner eigenen anbietet.

Bornscheuers Arbeit basiert auf den Thesen Wilfried Buchs (1970), der ebenfalls keine Lese- und Bühnenfassung anbietet. Entgegen den bisherigen Forschungsannahmen unterscheidet er fünf Entstehungsstufen, in denen ein Konzeptionswandel in der Figur Woyzecks deutlich werde: dessen Entwicklung vom primitiven Triebmenschen (Mord-Fassung Ha [H 1, 11–20], Eifersuchts-Fassung Hb [H 1, 1–20; H 1, 21]), über den über Gott und die Welt räsonierenden Atheisten (Grotesk-Fassung Hc [H 2]) bis zum Leidenden (Leidens-Fassung Hd [H 4]). An diese letzte Fassung schließen sich bei Buch noch die Einzelszenen He (H 3) als Nachträge an.

Eine herausragende Arbeit neuerer Zeit ist die von Gerhard Schmid 1981 veröffentlichte Faksimile-Ausgabe der Handschriften mit Transkription und den nach Wahrscheinlichkeiten abgestuften Lesarten. Mit dieser Dokumentation wurde ein wissenschaftliches Standardwerk geschaffen, das in Zukunft die Grundlage jeder textkritischen Büchner-Forschung bilden wird.

Der Verzicht neuerer Editionen auf eine Lese- und Bühnenfassung, der eine wachsende Sensibilität gegenüber editorischen Eingriffen anzeigt, würde aber langfristig bedeuten, daß Büchners Werk nur noch in fachlich interessierten Kreisen diskutiert werden würde, sich aber einer Theater- und Leserezeption entzöge oder diesem Publikum nur in wissenschaftlich überholten Fassungen zur Verfügung stünde. Um diesem von ihm kritisierten Zustand zu begegnen, legte Henri Poschmann 1985 in der bisher jüngsten Edition von *Woyzeck* neben den verschiedenen Entstehungsstufen wieder eine Lesefassung vor. Nach seinem ersten stark angegriffenen Editionsversuch von 1964 findet diese neueste Textversion, die Erkenntnisse von Schmids Faksimile-Ausgabe aufgreift, große Beachtung.

Zur näheren Information sei auf folgende leicht zugängliche Literatur verwiesen:
1. Walter Hinderer. *Büchner-Kommentar zum dichterischen Werk*. München: Winkler 1977, S. 171–191.
   Sehr guter Überblick über Entstehung, Handschriften, Erstdrucke und Editionen, der in jeder guten Bibliothek zu finden sein müßte.
2. Albert Meier. *Georg Büchner „Woy-*

zeck". München: Uni-Taschenbücher 975, 1980. S. 17–32; S. 120–124.
Die Arbeit erläutert kurz die einzelnen Handschriften bzw. Fassungen und gibt Literaturhinweise zur Editionsgeschichte des Dramas.
3. Gerhard P. Knapp. *Georg Büchner*. 2. neu bearbeitete Auflage. Stuttgart: Sammlung Metzler Bd. 159, 1984. S. 120–143.
Knappe, hilfreiche Zusammenfassung der wichtigsten Informationen über das Werk.
4. Henri Poschmann (Hrsg.). *Georg Büchner: „Woyzeck"*. Frankfurt: insel taschenbuch 846, 1985.
Der Herausgeber geht im Anhang ausführlich auf Probleme der *Woyzeck*-Edition ein (unter Berücksichtigung der Faksimile-Ausgabe von Gerhard Schmid).

Methodischer Ansatz und Verlauf der Unterrichtseinheit

Die vorliegende Unterrichtseinheit geht von einem sozialgeschichtlichen Ansatz aus, d. h., sie begreift Büchners Drama inhaltlich nicht als Darstellung allgemeinmenschlicher Lebensnot wie die nihilistischen, christlich-transzendentalen und existentialistischen Interpretationsrichtungen, sondern als kritische Darstellung spezifischer historischer Gesellschaftsverhältnisse. (Nähere Einzelheiten zu den Interpretationsansätzen siehe 13./14. Stunde.) Darüber hinaus wird das Stück als Prototyp des offenen Dramas behandelt und mit der geschlossenen Dramenform (am Beispiel von Schillers *Maria Stuart*) kontrastiert. Die Analyse erschließt nicht nur die historische Bedeutung von *Woyzeck* in dramenstruktureller Hinsicht, sondern führt gleichzeitig in wesentliche Merkmale des modernen und klassischen Dramas ein.

Die Unterrichtseinheit gliedert sich in zehn Doppelstunden, von denen die beiden letzten als Zusatzstunden gedacht sind. Im Mittelpunkt der 1./2. Stunde steht ein „Puzzle"-Spiel, bei dem die Schüler die ihnen noch unbekannten Einzelszenen als „Puzzle"-Teile erhalten und innerhalb eines ganz groben Handlungsrasters nach eigenem Gutdünken wieder zu einem Drama zusammensetzen. Dabei entdecken sie „spielerisch" Strukturmerkmale des offenen Dramas: Fehlen einer Exposition sowie Selbständigkeit und weitgehende Versetzbarkeit der Einzelszene. In der 3./4. Stunde werden zunächst Techniken der Szenenverknüpfung im offenen Drama erarbeitet. Auf der Grundlage eines Schülerreferates über das geschlossene Drama am Beispiel von Schillers *Maria Stuart* werden dann wichtige Merkmale beider Dramentypen im Hinblick auf Ort, Zeit, Handlung und Personen einander kontrastierend gegenübergestellt. Um nicht die Schüler am Anfang mit formalen Details zu überfrachten und den Blick auf den Drameninhalt zu verstellen, werden weitere Strukturmerkmale erst nach Abschluß der inhaltlichen Erarbeitung von *Woyzeck* (in der 15./16. Stunde) behandelt. Daher beschäftigt sich die 5./6. Stunde mit Woyzecks Situation im Hinblick auf sein Verhältnis zu den sozial höherstehenden Figuren Hauptmann, Doctor und Tambourmajor und den sozial gleichrangigen Figuren Marie und Andres. Seine völlige Isolation spiegelt das „Märchen" der Großmutter wider. Die Kritik an der herrschenden idealistischen Ideologie und ihren Vertretern Hauptmann und Doctor sowie Büchners materialistisches Menschenbild ist Thema der 7./8. Stunde. Die 9./10. Stunde behandelt anhand der Szene 3 „Buden. Lichter. Volk" und eines Büchner-Briefes dessen

Übersicht über die Unterrichtseinheit

Büchner: <u>Woyzeck</u>

Stunde	Thema	Gegenstand	Hausaufgabe auf die folgende Stunde
1./2.	Büchners <u>Woyzeck</u> – ein Puzzle	Interviewausschnitt aus Müller-Thurau; Handlungsskizze <u>Woyzeck</u>; Szenenkopien des ganzen Stücks	Lektüre des Stückes
3./4.	Merkmale des offenen und geschlossenen Dramas: Handlung, Ort, Zeit, Figurenkonstellation	Sz. 1, 4, 7, 10, 11, 12, 13, 15, 19, 20, 22, 23, 24; Schülerreferat: <u>Maria Stuart</u>	Szene 9
5./6.	Woyzecks gesellschaftliche Machtlosigkeit und zwischenmenschliche Isolation	Sz. 9; 2, 4, 6, 14, 18; – Sz. 1, 2, 7, 10, 11, 13; Sz. 19	Das idealistische Menschenbild Schillers (Text); Sz. 8
7./8.	Kritik am idealistischen Menschenbild in der Darstellung von Doctor und Hauptmann	Schiller-Text; Sz. 5, 8; Brief Büchners	
9./10.	Büchners Gesellschaftssicht	Sz. 3; Brief Büchners; Schülerreferate: Büchners Biographie; sozialhistorischer Hintergrund	Clarus-Gutachten (Auszüge)
11./12.	Büchner und seine Quellen	Schülerreferat: Büchners Quellen; Clarus-Gutachten; Sachtexte (Jarcke, Reuchlein)	
13./14.	Schuldfrage und Schlußvarianten des Dramas	Interpretationsausschnitte (Glück, v. Wiese, Martens); Sz. 23, 24, 25, 26, 27.	
15./16.	„Menschen von Fleisch und Blut": Büchners Dramenauffassung	Brief Büchners; Sz. 2, 16 (<u>Woyzeck</u>); Sz. I, 4 (<u>Maria Stuart</u>)	
1. Zusatzstunde (Doppelstunde)	<u>Woyzeck</u> heute? Aktualisierungsversuche	(Ev. Schülerreferat: Wallraff)	Theaterkritik von 1913
2. Zusatzstunde (Doppelstunde)	Theaterrezeption am Beispiel ausgewählter Inszenierungen	Theaterkritiken von 1913, 1981; Videofilm (Stuttgarter Aufführung 1986)	

Gesellschaftssicht im Hinblick auf *Woyzeck* und die historische Wirklichkeit. Zwei Schülerreferate stellen einen Zusammenhang zwischen den politischen Ansichten des Dramatikers, seiner Biographie und dem zeitgeschichtlichen Hintergrund her. In der 11./12. Stunde informiert zunächst ein weiteres Schülerreferat über die Quellen des Stücks unter besonderer Berücksichtigung der Hauptquelle, des historischen Woyzeck-Mordfalls und der Gutachten des Hofrats Dr. Clarus. Auszüge aus diesen Gutachten dienen im folgenden dann der kontrastierenden Gegenüberstellung von Clarus' und Büchners Rechtsauffassung. Ein Vergleich beider Sichtweisen mit den damals verbreiteten Tendenzen der Rechtssprechung erweist Büchners Progressivität.

Die 13./14. Stunde zeigt anhand von drei für die Büchnerforschung repräsentativen Interpretationsansätzen (dem nihilistischen, christlich-transzendentalen und dem sozialgeschichtlichen) die Beurteilung von Woyzecks Schuld in der Literaturwissenschaft und verdeutlicht deren Einfluß auf die Frage des Dramenschlusses, der aufgrund der Handschriftenlage nie eine endgültige Klärung erfahren wird. Nach Erarbeitung von Büchners Kritik am idealistischen Drama und seiner realistischen Dramenauffassung steht im Mittelpunkt der 15./16. Stunde ein Vergleich beider Dramenrichtungen im Hinblick auf Figurenzeichnung, Dialogführung und Sprache, aufgezeigt am Beispiel von Schillers *Maria Stuart* und Büchners *Woyzeck*. Die sich dabei ergebenden Unterschiede sind repräsentativ für die geschlossene bzw. die offene Dramenform.

Die erste Zusatzstunde bietet den Schülern Gelegenheit, die Fabel von *Woyzeck* auf heute zu übertragen und einen eigenen aktualisierten Handlungsverlauf zu verfassen. Als Anregung könnte ein Schülerreferat über Günter Wallraffs Buch *Ganz unten* dienen, das die Lebensbedingungen ausländischer Leiharbeiter in der Bundesrepublik Deutschland beschreibt, die durchaus Ähnlichkeit mit denen Woyzecks aufweisen. Die zweite Zusatzstunde beschäftigt sich mit der Theaterrezeption von Büchners Stück am Beispiel von drei Inszenierungen: der Uraufführung 1913 und zweier moderner Inszenierungen in Bochum (1981) und in Stuttgart (1986). Grundlage der Untersuchungen sind Theaterkritiken bzw. ein Videofilm.

Eine Kürzungsmöglichkeit der Unterrichtseinheit bestünde im Verzicht auf die 15./16. Stunde, die sich mit Büchners Dramenauffassung befaßt. Da eine vergleichende Szenenanalyse allerdings weitere wichtige Aufschlüsse über *Woyzeck* gibt, gehört die Stunde zur Behandlung des Dramas im engeren Sinne und sollte nur weggelassen werden, wenn dies aus Zeitgründen unumgänglich erscheint.

Verfügbare Medien

Eine Gesamtaufnahme von Büchners Stück bietet der Film von Werner Herzog, den der Regisseur 1978 für das Kino drehte. In den Hauptrollen spielen Klaus Kinski (Woyzeck) und Eva Matthes (Marie). Diese Verfilmung ist bei den Landes- und Kreisbildstellen als Videoband (Best.nr. 42 50033 – 80 Min.) erhältlich.

Eine vollständige Aufzeichnung einer Theateraufführung liegt bedauerlicherweise nicht vor. Allerdings beschäftigen sich vier Videofilme mit verschiedenen Aspekten der *Woyzeck*-Inszenierung am Stuttgarter Staatstheater von 1986 (Regie: Jossi Wieler). Sie vermitteln nicht nur Eindrücke der Inszenierung, sondern gleichzeitig auch Einsichten in die Theaterarbeit im allgemeinen. Diese Videokassetten sind ebenfalls bei den Landes- und Kreisbildstellen erhältlich:

„Wie entsteht ‚Theater‘? Georg Büchners ‚Woyzeck‘ am Staatstheater Stuttgart“: (FWU – Videosystem VHS)

Nr. 42 00852 Das Regiekonzept
(22 Min., f)

Nr. 42 00853 Das Bühnenbild
(16 Min., f)

Nr. 42 00854 Erarbeitung einer Rolle
(18 Min., f)

Nr. 42 00855 Szenenabschnitte
(21 Min., f)

Die vorliegende Unterrichtseinheit setzt den ersten Film „Regiekonzept“ in der Zusatzstunde 2 ein, die sich mit der Theaterrezeption von Büchners Drama befaßt. Dort werden weitere Details über den Inhalt des Films ausgeführt.

Zeitpunkt der Lektüreausgabe und verwendete Edition

Das Stück-Puzzle als produktionsorientierter Einstieg (siehe 1./2. Stunde) setzt voraus, daß die Klasse oder der Kurs zumindest mehrheitlich den Dramentext nicht kennt. Das bedeutet, daß die Lektüre den Schülern erst am Ende der ersten Doppelstunde vorliegen darf.

Wie schon erläutert, existieren bei *Woyzeck* Editionen mit unterschiedlichen Textfassungen. Bei dieser Unterrichtseinheit wird das Klett Editionenheft zugrunde gelegt, das die Lehmannsche Dramenfassung enthält. Da die Szenen nicht durchnumeriert sind, sollten die Schüler dies selbst vornehmen. Diese Numerierung der Szenen dient einer schnelleren Orientierung und Verständigung und wird bei den Szenenangaben der Unterrichtseinheit vorausgesetzt. Folgende Übersicht soll das Auffinden der Szenen in einer anderen Edition erleichtern.

Übersicht der Szenenfolge im Klett Editionenheft

Szene Nr.	Szenenüberschrift
1	Freies Feld. Die Stadt in der Ferne
2	Die Stadt
3	Buden. Lichter. Volk
4	Kammer
5	Der Hauptmann. Woyzeck
6	Kammer
7	Auf der Gasse
8	Beim Doctor
9	Straße
10	Die Wachtstube
11	Wirthshaus
12	Freies Feld
13	Nacht
14	Wirthshaus
15	Kramladen
16	Kammer
17	Caserne
18	Der Hof des Doctors
19	Marie mit Mädchen vor der Hausthür
20	Abend. Die Stadt in der Ferne
21	Es kommen Leute
22	Das Wirthshaus
23	Abend. Die Stadt in der Ferne
24	Woyzeck an einem Teich
25	Straße
26	Gerichtsdiener. Arzt. Richter
27	Der Idiot. Das Kind. Woyzeck

Vorkenntnisse

Da Büchners *Woyzeck* schwerpunktmäßig als offenes Drama behandelt wird, wäre es günstig, wenn dem Kurs bereits ein geschlossenes Drama bekannt wäre. In dieser Unterrichtseinheit ist Schillers *Maria Stuart* als Beispiel dieses Dramentyps gewählt, da es wegen seines relativ einfachen Inhalts und des übersichtlichen, klaren Aufbaus häufig bereits auf der Mittelstufe behandelt wird. Die an *Maria Stuart* aufgezeigten Ergebnisse sind aber auf jedes andere klassische Drama (als ausgeprägteste Erscheinungsform des geschlossenen Dramentyps) zu übertragen. Kennt die Klasse überhaupt kein geschlossenes Drama, so können die wichtigsten Merkmale am Beispiel von Schillers Stück von einem Schüler referiert werden. Das kann aber nur eine Notlösung darstellen. (Weitere Einzelheiten sind auf S. 29 ausgeführt.)

Schülerreferate

Die im Laufe der Unterrichtseinheit benötigten Schülerreferate werden im folgenden einzeln beschrieben. Da sie teilweise vom Material her umfangreicher sind, sollten sie bereits vor Beginn der Unterrichtseinheit vergeben werden, damit den Schülern genügend Bearbeitungszeit bleibt. Außerdem läßt die kreative Gestaltung des Stücks in der 1./2. Stunde kaum Zeit für die Verteilung von Referaten. Unabdingbar ist die frühe Vergabe des Referats über *Maria Stuart,* da es in der 3./4. Stunde der Unterrichtseinheit zu halten ist, der Referent einen Teil des Materials aber dem Lehrer bereits in der ersten Doppelstunde geben muß, wie nachfolgend ausgeführt wird.

1. Merkmale des geschlossenen Dramas am Beispiel von Schillers ,Maria Stuart' (3./4. Stunde)

Arbeitsgrundlage:
– Dramentext
– Arbeitsblatt „Merkmale des geschlossenen und offenen Dramas" (abgedruckt auf Stundenblatt S. 5)
– Handlungsskizze *Maria Stuart* (Vorlage für Folie 3, s. Stundenblatt S. 9)
– Personenkette (Vorlage für Folie 4, s. Stundenblatt S. 10)

Der/die Schüler(in) soll die im Arbeitsblatt angeführten Merkmale des geschlossenen Dramas am Beispiel des Schiller-Stücks aufzeigen. Vorausgesetzt wird, daß der Kurs *Maria Stuart* bereits behandelt hat, so daß die Handlung nicht ausführlich vermittelt werden muß. Sie soll vielmehr nur der Veranschaulichung der Merkmale dienen. Der Klasse liegt während des Referats das Arbeitsblatt vor. Um den Vortrag anschaulicher zu machen, können Folien eingesetzt werden. Der Schüler erhält zur Vorbereitung von Folie 3 eine Kopie der Handlungsskizze, einmal vergrößert. In diese soll er Ort und Geschehen jedes Aktes stichwortartig und gut lesbar eintragen. Die Kopie muß dem Lehrer in der 1./2. Stunde zurückgegeben werden, damit er von ihr (evtl. noch vergrößert) eine Folie herstellen kann. Eine weniger aufwendige Möglichkeit wäre, das Handlungsschema unausgefüllt auf Folie zu kopieren und vom Schüler nur mündlich erläutern zu lassen. Denkbar ist natürlich auch, das Handlungsschema (versehen mit den Aktangaben und deren dramatischen Funktionsbezeichnungen) an die Tafel zu zeichnen. Aus Zeitgründen ist aber die Verwendung der Folie vorzuziehen.
Um den Begriff „Personenkette" aus dem Arbeitsblatt verständlich zu machen, erhält der Schüler eine Kopie der Personen-

kette des dritten Akts von *Maria Stuart.* Auch diese Kopie muß der Lehrer für das Referat als Folie bereitstellen. Der Schüler soll erarbeiten, welche strukturelle Funktion die Figuren haben, die im Laufe eines Aktes auf der Bühne bleiben (vgl. S. 24). Denkbar wäre auch, den Begriff „Personenkette" nur verbal zu erläutern.

Als zusätzliche vertiefende Lektüre kann das Standardbuch von V. Klotz, *Geschlossene und offene Form im Drama.* München: 1969, S. 23–71, empfohlen werden.

2. Historischer Zeithintergrund (9./10. Stunde)

Arbeitsgrundlage:

– Wilhelm Borth und Eberhard Schanbacher (Hrsg.). *Zeiten und Menschen. Band 2: Entfaltung und Krise der modernen Welt: Vom Zeitalter der bürgerlichen Revolutionen bis zum zweiten Weltkrieg.* Paderborn: Schöningh, 1986. S. 45–64.
– Dirk Blasius. „Epoche – sozialgeschichtlicher Abriß". In: Horst Albert Glaser (Hrsg.). *Deutsche Literatur. Eine Sozialgeschichte,* Bd. 6: *Vormärz: Biedermeier, Junges Deutschland, Demokraten.* Hrsg. von Bernd Witte. Reinbek: rororo, 1980. S. 14–31.

Zum besseren Verständnis von Büchners Biographie, vor allem im Hinblick auf seine politischen Überzeugungen und Handlungen, führt dieses Referat in den zeitgeschichtlichen Hintergrund zwischen dem Wiener Kongreß von 1815 und der Revolution von 1848/49 ein. Da den Schülern diese Epoche der Restauration und des Vormärzes in der Regel aus dem Geschichtsunterricht bekannt sein dürfte, genügt es, kurz die wichtigsten Ereignisse in Erinnerung zu rufen, die in dem empfohlenen Geschichtsbuch von W. Borth und

E. Schanbacher gut zusammengefaßt sind. Besonders hervorgehoben werden müssen die Repressionsmaßnahmen der Restauration, die die Interessen des Adels vertrat, die anti-feudalistische, liberale Oppositionsbewegung, die hauptsächlich vom Bürgertum getragen wurde, und der vorindustrielle Pauperismus, das Elend der Massen, das Woyzecks Schicksal widerspiegelt. Der leicht zugängliche Artikel von Dirk Blasius führt die sozialgeschichtlichen Aspekte der Epoche weiter aus und sollte in jedem Falle als Ergänzung mit herangezogen werden.

3. Büchners Biographie (9./10. Stunde)

Arbeitsgrundlage:

– Herbert Schnierle. *Georg Büchner: Leben und Werk.* Stuttgart: Klett, 1986.
– Walter Hinderer. „Portrait Büchners". In: Horst Albert Glaser (Hrsg.). *Deutsche Literatur. Eine Sozialgeschichte,* Bd. 6. *Vormärz.* Hrsg. von Bernd Witte. Reinbek: rororo, 1980. S. 310–321.

Im Rahmen der Darstellung von Büchners Leben und Werk sollte der Referent auf die politischen Überzeugungen des Autors ausführlich, auch unter Einbeziehung von Zitaten aus dessen Briefen und aus dem *Hessischen Landboten,* eingehen. Dabei muß der konkrete Bezug zur zeitgeschichtlichen Situation hergestellt und Büchners Sicht der zeitgenössischen Gesellschaft aufgezeigt werden, deren soziale Ungerechtigkeit er auf materielle Privilegien, einschließlich das Bildungsprivileg, zurückführte. Damit war er historisch seiner Epoche voraus, denn er wandte sich damit bereits gegen das sich noch in der Opposition befindende Wirtschafts- und Bildungsbürgertum, das noch um seine Rechte kämpfte. Für ihn mußte der entscheidende Impuls für eine Gesellschaftsveränderung vom Volk her kommen, wofür sich die Zeit aber noch nicht als reif erwies.

Bei der Vorbereitung des Referats sollte die Lektüre des Klett-Bändchens von H. Schnierle, das knapp, aber anschaulich Büchners Leben vermittelt, durch den Aufsatz von W. Hinderer ergänzt werden, der in kompakter Form Büchners politische Ansichten mit dem sozialgeschichtlichen Zeithintergrund verbindet und darüber hinaus eine gute Darstellung seiner Werke enthält.

Die weit verbreitete, seit 1958 aber unverändert erscheinende rororo-Bildmonographie von Ernst Johann (*Georg Büchner. Mit Selbstzeugnissen und Bilddokumenten.* Hamburg, 1958) entspricht vor allem in den Deutungsaspekten der Werke nicht dem neuesten Forschungsstand. Wegen des enthaltenen reichhaltigen Anschauungsmaterials könnte aber der erste Teil (S. 7–81), der ausführlich das Leben des Dramatikers in seiner Zeit darstellt, zusätzlich zur Vorbereitung verwendet werden.

Die ebenfalls sehr bekannte Studie von Hans Mayer (*Georg Büchner und seine Zeit.* Frankfurt am Main: suhrkamp taschenbuch, 1977[3]) ist ebenfalls in Teilaspekten überholt, u. a. auch in der Einschätzung des „Fatalismus“-Briefes als Wende in Büchners Leben. Die textlich sehr umfangreiche, detaillierte Beschreibung von Büchners Leben in seiner Zeit und der politischen Situation in Deutschland und Frankreich (S. 90–200) ist nach wie vor äußerst informativ und könnte durchaus bei einem Leistungskurs-Referat als Arbeitsmaterial empfohlen werden.

4. Büchners wichtigste Quelle: Der historische Woyzeck-Fall und die Clarus-Gutachten (11./12. Stunde)

Arbeitsgrundlage:
– Lothar Bornscheuer (Hrsg.). *Georg Büchner, Woyzeck.* Erläuterungen und Dokumente. Stuttgart: Reclam, 1974. S. 49–67.
– Hans Mayer, *Georg Büchner: Woyzeck.* Dichtung und Wirklichkeit. Frankfurt: Ullstein, 1981[9]. S. 51–60; 75–137.
– Albert Meier, *Georg Büchner: Woyzeck.* München: Uni-Taschenbücher 975, 1980. S. 21–24.

Das Referat soll in zwei Teile gegliedert werden, die vor bzw. nach der Besprechung der Clarus-Gutachten gehalten werden. Im ersten Teil sollen kurz die drei historischen Mordfälle Schmolling, Woyzeck und Dieß und deren Gemeinsamkeiten erläutert werden. Dabei muß der Woyzeck-Fall als wichtigste Quelle Büchners hervorgehoben werden (s. dazu Bornscheuer, S. 49f.). Im Hinblick auf die Prozeßverfahren genügt bei Schmolling und Dieß die Erwähnung des Urteils. Bei Woyzeck sollte zunächst ein kurzer Überblick über sein Leben bis zur Mordtat gegeben werden (s. dazu H. Mayer, S. 51–60). Ein Hinweis auf seine Verhaftung, das folgende Gerichtsverfahren und die Bedeutung der Clarus-Gutachten beendet den ersten Referatteil. Es ist besonders darauf zu achten, daß weder die Gutachtenergebnisse von Clarus noch der Verlauf und Ausgang des Gerichtsverfahrens angesprochen werden.

Der zweite Teil des Referats schildert ganz kurz den Prozeßverlauf und zeigt die zentrale Bedeutung der Clarus-Gutachten für das Urteil inhaltlich auf (s. H. Mayer, S. 51–60; 75–137). Dabei sollten Clarus' Erkenntnisinteresse und dessen geistesgeschichtlichen Voraussetzungen an Beispielen verdeutlicht werden (s. dazu A. Meier, S. 21–24). Das abschließende Ergebnis des Hofrats, die Erkennung auf Zurechnungsfähigkeit, muß besonders herausgestrichen werden (s. H. Mayer, vor allem S. 120–123).

5. Buchreferat: Günter Wallraff ‚Ganz unten' (17./18. Stunde)

Arbeitsgrundlage:
– Günter Wallraff, *Ganz unten*. Köln: Kiepenheuer & Witsch, 1985

Dieses Referat ist für die Durchführung der Unterrichtsstunde nicht notwendig und liegt ausschließlich im Ermessen des Lehrers. Es kann aber als Denkanstoß für eine mögliche Aktualisierung von Büchners Stück dienen.

Der Referent sollte die vom Autor beschriebenen Lebensbedingungen der (meist ausländischen) Leiharbeiter in der Bundesrepublik Deutschland zusammenfassen und mit Hilfe einiger Textstellen veranschaulichen. Beim Ausarbeiten des Referats soll der Schüler den Aspekt mit berücksichtigen, ob bzw. welche der geschilderten Situationen eine Ähnlichkeit mit Woyzecks Schicksal im Drama aufweisen. Dabei ergeben sich Parallelen im Hinblick auf gesellschaftliche Machtlosigkeit, erlittene Demütigungen, Überarbeitung und Einsamkeit. Auch das Geldverdienen als medizinisches Versuchsobjekt ist in diesem Zusammenhang anzuführen.

Darstellung der Einzelstunden

1./2. Stunde:
Büchners ‚Woyzeck' – ein Puzzle

Sachanalyse

Büchner war mit der Arbeit an *Woyzeck* offensichtlich schon weit vorangekommen, wie seinem letzten bekannten Brief zu entnehmen ist (s. S. 5), sein früher Tod verhinderte jedoch die Vollendung des Werks. Das in drei Handschriften vorliegende Fragment führte in der Forschung zu vielfältigen Spekulationen über die von Büchner intendierte Endfassung des Dramas. Auf die Handschriftenüberlieferung und die Editionsgeschichte war bereits in der Einleitung (s. S. 5 ff.) hingewiesen worden; im folgenden werden daher einige Punkte der Editionsproblematik exemplarisch aufgezeigt, um zu verdeutlichen, wie variationenreich *Woyzeck* als Dramentext ausfallen kann.

In den unterschiedlichen „Lese- und Bühnenfassungen" spiegelt sich der Streit um die Chronologie der Handschriftenentstehung wider. Walter Hinderer hat 1977 in einer Szenensynopse die damals noch gebräuchlichen Lese- und Bühnenfassungen verglichen und erhebliche Unterschiede festgestellt. Beginnt die jahrzehntelang einflußreichste Bergemannsche Edition (sowohl die kritische Gesamtausgabe von 1922 als auch die populäre Leseausgabe von 1926 und deren viele Neuauflagen) mit der Hauptmann-Woyzeck-Szene (H 4,5 [Klett Editionen, Szene 5]), der Rasierszene, die bis zu Anfang der sechziger Jahre von den meisten Herausgebern als Dramenbeginn übernommen wurde, so bürgerte sich dann allmählich die erste Szene der letzten Fassung (H 4,1 [Klett Editionen, Szene 1]) als Dramenbeginn ein. Die Ausgaben unterscheiden sich vielfach auch in der weiteren Szenenfolge, wie an einem Beispiel erläutert sei. Als 7. Szene des Dramas steht bei Bergemann H 4,8 (Szene 8: „Beim Doctor"), bei Meinerts (1963) sowie Müller-Seidel (1964) H 4,6 (Szene 6: „Kammer") und bei Lehmann (1967) H 4,7 (Szene 7: „Auf der Gasse"). Die bisher jüngste Ausgabe des Stücks von Henri Poschmann (1985) nimmt eine bisher nicht praktizierte Szenenumstellung vor, die eine chronologische Ungereimtheit im Handlungsverlauf korrigiert. So erscheint die Szene H 4,7 (Szene 7), in der Woyzeck Marie eifersüchtig anherrscht, erst nach Szene H 4,9 (Szene 9: „Straße"), in der Woyzeck durch den Hauptmann von Maries Untreue erfährt. Diese Lösung erscheint logisch, auch wenn sie nicht durch die Handschriften legitimierbar ist. Ein weites Feld ist auch die Spekulation über den Schluß von *Woyzeck*. Da jede der vier Szenenfolgen H 1 – H 4 mit einer anderen Szene endet, bleibt es den Beurteilungskriterien bzw. dem Interpretationsansatz des Herausgebers überlassen, welche Schlußszene er wählt. So besteht die letzte (24.) Szene bei Bergemann aus H 1,19 (Szene 23: „Abend. Die Stadt in der Ferne"), H 1,20 (Szene 24: „Woyzeck an einem Teich") und H 1,16 (Szene 21: „Es kommen Leute"); Meinerts endet mit H 1,20 und Müller-Seidel mit H 1,21 (Szene 26: „Gerichtsdiener. Arzt. Richter"); Lehmann läßt dieser Gerichtsdiener-Szene noch H 3,2 (Szene 27: „Der Idiot. Das Kind. Woyzeck") folgen. Poschmann dagegen dreht diese Szenenfolge in seiner Edition wieder um. Weitere Einzelheiten

über die in der Sekundärliteratur vorge-
schlagenen Schlußvarianten sind der Sa-
chanalyse der 13./14. Stunde zu entnehmen.

Die verschiedenen Editionen differieren
aber nicht nur in der Reihenfolge, sondern manchmal auch in der Fassung der
Szenen. Die Szene H 4,3 etwa, die in der
letzten Handschrift nur mit der Überschrift „Buden. Lichter. Volk" versehen
ist, wird je nach Ausgabe aus unterschiedlichen Szenenteilen der Vorfassungen zu-
sammengestellt.

Darüber hinaus bestehen in den Editionen
teilweise auch Unterschiede im Wortlaut
der Szenen. Dies ist auf die schlechte
Lesbarkeit der Originalmanuskripte und
auf die chemische Behandlung einiger
Stellen durch Franzos, den Herausgeber
der ersten Gesamtausgabe von Büchners
Werken (1879), zurückzuführen, die zwar
kurzfristig die Lesbarkeit verbesserte,
aber auch Tinte vom Papier löste und
Buchstabenteilchen an andere Stellen
schwemmte, was die Entzifferung zusätzlich erschwerte. Dies gab weiten Raum für
unterschiedliche Lesarten, die etwa dem
Kommentar von Hinderer (1977) und
dem Variantenapparat von Bornscheuer
(1974) zu entnehmen sind.

Der Faksimile-Ausgabe von Schmid
(1981) gelang es, durch eine verfeinerte
Editionstechnik einige Stellen lesbarer als
im Originalmanuskript herauszupräparie-
ren und dadurch manche bisherigen Unklarheiten zu klären. So lautete eine Pas-
sage aus der Mordszene H 4,15 (Szene 20)
in allen Editionen mit nur geringen Ab-
weichungen bisher folgendermaßen:

MARIE: Ich muß fort das Nachtessen richten.
WOYZECK: Friert's dich Marie? und doch bist
  du warm. [...]
  Du wirst vom Morgenthau nicht frieren
                    (Klett Editionen, S. 24)

Der etwas merkwürdig anmutende Ge-
sprächsverlauf, den Thomas Michael
Mayer in der ironischen Frage „Warum
friert's die Köchin?" zusammenfaßte wird
nun durch die Schmidsche Ausgabe endgültig korrigiert (T. M. Mayer, 1981, S.
265–311; S. 281 f.):

MA[R]G[RE]TH: Ich muß fort der Nacht[t]hau
  fal[l]t.

Der Faksimile-Ausgabe ist u.a. auch die
Änderung von „unideale Natur" in „unverdorbe Natur" in der Jahrmarktszene
(Szene 3, S. 7, Z. 36) zu verdanken. Viele
dieser neuen Erkenntnisse sind bereits in
der *Woyzeck*-Edition von Poschmann enthalten.

Wie bei kaum einem anderen Drama hat
der Literaturwissenschaftler durch die
Nicht-Vollendung des Stücks und die
schlechte Lesbarkeit der Manuskripte bereits bei der Festlegung der Dramenfassung einen großen Interpretationsspiel-
raum. Während sich die Herausgeber älte-
rer Editionen noch um eine Lese- und
Bühnenfassung bemühten, die zu einer
letztlich subjektiven und damit angreifba-
ren Auswahl zwingt, üben die modernen
Editionen ab Ende der sechziger Jahre
(mit Ausnahme von Poschmann) wissenschaftliche Neutralität und verzichten darauf. Lothar Bornscheuer faßt in seinem
Vorwort die Problematik der *Woyzeck*-
Edition treffend zusammen und erläutert
seine eigene Konzeption, die symptoma-
tisch für die in neuerer Zeit gewachsene
Sensibilität gegenüber editorischen Entscheidungen ist:

Während sich Krause auf die Wiedergabe der
einzelnen handschriftlichen Teilentwürfe beschränkt und es kompromißlos als einen „sinn-
und hoffnungslosen Versuch" bezeichnet, „einen les- oder spielbaren Gesamttext aus den
vielen Fragmenten herzustellen", ringt sich
Lehmann – und zwar für den Anhang seiner
kritischen Edition – zu einer „Lese- und Bühnenfassung" durch, die zahlreiche persönliche
interpretatorische Entscheidungen impliziert.

Einen solchen Bereich subjektiver Szenenarrangements muß man in einem gewissen Ausmaß im Falle des Büchnerschen „Woyzeck" zugestehen, nur erscheint es uns am konsequentesten, alle feineren Möglichkeiten der Szenenauswahl und -anordnung nicht mehr durch den Herausgeber vorzuentscheiden, sondern dem Leser selbst anzuvertrauen. Die Pflicht des Editors beschränken wir auf die philologische Konstruktion eines Grundgerüstes [. . .] (S. 8).

Angesichts des Variantenreichtums in Szenenfolge und Szenenfassung, die in der *Woyzeck*-Forschung existiert, erscheint es legitim, diese Offenheit für den Zugang zum Werk didaktisch fruchtbar zu machen und die Schüler – versehen mit dem Grundgerüst der Eifersuchtsmord-Handlung – in einer Art Szenen-„Puzzle" ihre eigene Szenenfolge zusammensetzen zu lassen. Diese produktionsorientierte Vorgehensweise hat nicht nur einen größeren Motivationseffekt als das übliche Lese-Verfahren, sondern ermöglicht eine leichtere Vermittlung des Fragmentcharakters und dessen Folgen für Editions- und Rezeptionsgeschichte des Werks. Darüber hinaus gibt dieses Verfahren den Schülern Einblick in das kompositorische Prinzip des Dramas. Indem sie nämlich Schwierigkeiten bei der exakten Einordnung der Szenen und bei der Wahl einer Anfangsszene feststellen, wird ihnen die weitgehende Selbständigkeit und Versetzbarkeit der Einzelszene und das Fehlen einer eindeutigen Expositionsszene bewußt. Damit haben sie essentielle Gestaltungsmerkmale erkannt, die für den von Büchner mitgeprägten Typ des offenen Dramas konstituierend sind. Mit weiteren Merkmalen dieser Dramenform beschäftigt sich dann die folgende und die 15./16. Stunde.

Unterrichtsschwerpunkte

– Herstellen einer eigenen Dramenfassung von *Woyzeck*
– konstituierende Elemente des offenen Dramas: Fehlen einer Exposition und Selbständigkeit und Versetzbarkeit der Einzelszene
– *Woyzeck* als Fragment und die Folge: unterschiedliche Fassungen des Dramas in der Editionsgeschichte

Unterrichtsverlauf

In dieser Doppelstunde setzen die Schüler nach Vorgabe einer groben Handlungsskizze (Verhältnis Marie – Woyzeck, Untreue Maries und ihre Ermordung) die Einzelszenen zu einem Stück zusammen und bestimmen die Reihenfolge der Szenen selbst. Dadurch erleben sie die Variabilität der Szenenfolge als wichtiges Element des offenen Dramas. Zudem hat sich dieser spielerische Zugang als sehr motivierend erwiesen, was den Lehrer für den Vorbereitungsaufwand entschädigt. Die Schüler sollten den Text vor Beginn der Unterrichtseinheit *nicht* gelesen haben. (Selbst wenn einzelne Schüler das Drama bereits kennen, kann das „Puzzle"-Spiel als Zugang gewählt werden, weil diese aus dem Gedächtnis nur eine weitere Stückvariante beisteuern.) Dem Lehrer wird so die allzu bekannte Situation erspart, daß zu Beginn einer neuen Lektüre einige Schüler dem Unterricht nicht folgen können, da sie kaum über das Titelblatt hinausgekommen sind. In dem vorliegenden Unterrichtsmodell wird der Text erst nach dieser Stunde ausgeteilt, und es hat sich gezeigt, daß die Lesemotivation nach einer ersten, wenn auch flüchtigen Bekanntschaft mit der Handlung und Teilen des Textes wesentlich höher ist als bei dem üblichen Vorgehen. Da die kreativen

Unterrichtsphasen dieser Stunde viel Zeit in Anspruch nehmen, wäre es günstiger, die im Laufe der Unterrichtseinheit benötigten Schülerreferate bereits vor Beginn der Einheit zu vergeben (s. S. 12 ff.).

Phase 1:
Aktualisierung

Als vorbereitender Einstieg in das Drama soll eine Aktualisierung versucht werden. Der Textausschnitt aus Müller-Thuraus Buch, das auf authentischen Interviews mit Jugendlichen beruht, enthält Anhaltspunkte dafür, daß auch heute noch ein materiell und sozial besser gestellter Rivale oft größere Chancen bei Mädchen hat. Ebensowenig scheint sich geändert zu haben, daß in einer Liebesbeziehung Treue erwartet wird. Nach Austeilen der Kopie mit dem Interviewausschnitt und der Handlungsskizze von *Woyzeck* (abgedruckt auf S. 20) wird die Leitfrage nach den gemeinsamen Problemen von Bene und Woyzeck gestellt.

Dann werden die Texte von den Schülern leise gelesen und in einem kurzen Unterrichtsgespräch die vorliegenden Gemeinsamkeiten geklärt. Diese motivierende Phase soll eine Verbindung zur heutigen Zeit herstellen und darf nur wenige Minuten in Anspruch nehmen. Deshalb kann auch nicht auf den Jugendslang eingegangen werden. Falls von den Schülern die Frage angeschnitten wird, warum Woyzeck Marie nicht geheiratet habe, muß der Lehrer darauf hinweisen, daß früher Militärangehörige eine Heiratserlaubnis benötigten, die nur bei ausreichender Sicherung des Lebensunterhalts erteilt wurde; dies war nur höheren Dienstgraden möglich.

Phase 2:
‚Woyzeck‘ als offenes Drama und
Fragment: Variabilität der Szenen

Als Vorbereitung auf diese Phase muß der Lehrer das Stück einmal ganz kopieren und in Einzelszenen zerschneiden. Bei den wenigen längeren Szenen ist es der besseren Übersicht wegen ratsam, die Szene auf eine DIN A4-Seite zusammenzukleben, damit innerhalb der Einzelszene keine Unklarheiten über die Reihenfolge bestehen. (Alternativ sollten wenigstens die Teilabschnitte einer solchen Szene eindeutig numeriert werden.) Um die Reden des Doctors besser zu verstehen, müssen bei den Szenen 8, 9 und 18 einige Worte erklärt werden. Diese Erläuterungen können entweder den bearbeitenden Schülern mündlich gegeben oder – besser noch – auf der Szenenkopie schriftlich angefügt werden. Als Grundlage dafür eignet sich das Bändchen von L. Bornscheuer, 1974.

Der Lehrer informiert seine Schüler kurz über ihre Aufgabe. Sie sollen die Reihenfolge der Szenen selbst finden und das Stück wie ein Puzzle zusammensetzen. Dann werden die Szenen so verteilt, daß jeder der Schüler ungefähr dieselbe Menge an Text zu bewältigen hat. Da es sich um 27 Szenen handelt, die Kurse in der Regel aber kleiner sind, bekommen einige Schüler mehrere kleinere Szenen, während es sich bei den großen und schwierigeren Hauptmann/Doctor-Woyzeck-Szenen empfiehlt, zwei Schüler gemeinsam daran arbeiten zu lassen.

Die Schüler werden nun aufgefordert, in Einzelarbeit die Szenen in den Handlungsabschnitt A oder B der Handlungsskizze einzuordnen, die am Anfang der Stunde verteilt worden ist. Falls Schüler Szenen erhalten haben, die ihrer Meinung nach weder direkt zu A noch zu B gehören, sollen sie diese mit C markieren.

Die Zweierkiste

[. . .]

M-T: Hast Du eine Freundin?

BENE: Gehabt – mit meiner Alten läuft es nicht mehr. Die ist voll auf einen
anderen Typen abgefahren – so einen mit reichlich Knete und geilen
Klamotten. Wahrscheinlich auch noch mit 'ner echt abgefahrenen Woh-
5 nung, wie ich sie nicht bieten kann.

M-T: Bist Du drüber weg?

BENE: Na ja – zunächst war ich ziemlich finster drauf, bin echt ausgeklinkt. Ich
fand das von Susi einfach unheimlich abgespitzt. Kommt da einfach jemand, der unheimlich aufs Blech haut, und die Torte läßt sich antörnen.

10 M-T: Ist es für Dich schwer, 'ne andere kennenzulernen?

BENE: Weißt Du – die echt zombigen Tanten sind nicht so leicht anzugraben.
Ich bohr' mich zweimal die Woche in 'ne Disco . . . seh zu, wie die sich da
auf der Tanzfläche einen abhotten . . . und bei Gelegenheit laß ich bei 'ner
Tussi 'nen Spruch los. Obwohl – eigentlich nervt mich das.

15 M-T: Was stört Dich denn da am meisten?

BENE: Also, da gibt's immer so'n paar Aufreißer-Typen, die sich die echt
tollen Bräute keilen. Die schmier'n denen unheimlich was vor, powern voll
rein – und die Disco-Torten stehn da auch noch drauf. Das ist doch Fuzzi,
sowas. [. . .]

20 M-T: Was bedeutet für Dich Treue in einer Partnerschaft?

BENE: Treue, also das bedeutet für mich, daß ich den anderen nicht verlade.
Das ist für mich eigentlich 'ne ganz coole Sache – daß ich nicht mit 'ner
abgemackerten Tour komme und mit 'ner anderen rummache. Also, von
meiner Braut würd' ich erwarten, daß sie nicht woanders was vom Teller
25 zieht. Da wäre bei mir empty! [. . .]

Interview aus: C. P. Müller-Thurau. *Laß uns mal 'ne Schnecke angraben.* © 1983 by Econ Verlag
GmbH, Düsseldorf und Wien. S. 30–32 (Ausschnitte).

Georg Büchner: ,Woyzeck' (1836/37)
Handlungsskizze

A) Woyzeck, ein einfacher, armer Soldat, hat mit einer Frau namens Marie
ein eheähnliches Verhältnis, aus dem ein Kind stammt. Marie lernt einen
Tambourmajor (= Leiter einer Militärkapelle im Unteroffiziersrang) kennen und betrügt Woyzeck mit ihm.

B) Woyzeck kommt dahinter und ersticht Marie.

Dann ist das Thema der Szene in ein bis
zwei Sätzen so zu beschreiben, daß es
jemand ohne Kenntnis des Textes verstehen kann. Der mit dem Overhead-Gerät
projizierte oder als Hektographie ausgeteilte Arbeitsauftrag hilft zeitraubende

Nachfragen zu vermeiden. Der Lehrer muß unbedingt darauf achten, daß Schüler, die glauben Szenen vom Handlungsabschnitt A *und* B zu haben, diese sofort (*vor* der Beschreibung) mit anderen tauschen, so daß jeder nur eine „Szenensorte" bearbeitet. Diese Einzelarbeitsphase muß sehr zügig vorangehen, damit ausreichend Zeit für die folgende wichtige Gruppenarbeitsphase bleibt.

Etwa 20 Minuten nach Unterrichtsbeginn sollte dann eine Einteilung in drei Gruppen vorgenommen werden. Die Schüler mit Szenen des Handlungsabschnitts A, B bzw. C bilden jeweils eine Gruppe. Jede Gruppe soll nun die Reihenfolge der ihr vorliegenden Szenen innerhalb des bekannten Handlungsgerüsts bestimmen und mit kurzem Hinweis auf das Thema der Szene auf Folie festhalten. Ferner sollen die Szenen, die sich nicht eindeutig einordnen lassen – was meist zu lebhaften Diskussionen innerhalb der Gruppe führt –, auf der Folie (mit einem Kreuz, Punkt etc.) markiert werden. Die Gruppenteilnehmer sollten die variablen Stellungsmöglichkeiten vieler Szenen sowie die von ihnen schließlich gewählte Szenenfolge aus dem Dramenkontext inhaltlich (mündlich) begründen. Ein Gruppensprecher trägt schließlich die Ergebnisse vor. Gruppe C erhält darüber hinaus noch den Arbeitsauftrag herauszufinden, welche zusätzlichen Informationen über Woyzecks Lage die C-Szenen enthalten und ob dadurch die bisher bekannte (Eifersuchts-)Handlung in einem anderen Licht erscheint. Es empfiehlt sich aus Zeitgründen, auch diese Arbeitsanweisungen zu projizieren bzw. als Hektographie auszuteilen. Die Gruppen benötigen jeweils maximal zwei Folien; Gruppe C kommt oft aber nur mit einer aus.

In der Auswertungsphase tragen zunächst die Gruppensprecher von A und B ihre jeweiligen Ergebnisse vor, wobei es sich zeigen wird, daß sich die Gruppenteilnehmer vielfach über die Szenenfolge uneins waren. Die Begründung dafür wird sein, daß die in Frage kommenden Szenen keinen oder keinen eindeutigen inhaltlichen oder zeitlichen Anhaltspunkt für eine bestimmte Einordnung in das Handlungsgeschehen enthalten. Bei der Auswertung kommt es nicht auf die von den Schülern gewählte Reihenfolge an; im Gegenteil, man sollte alles akzeptieren, was im Rahmen der Eifersuchtsmord-Handlung chronologisch vertretbar erscheint. Wichtig ist, daß den Schülern durch die Diskussion der verschiedenen Auffassungen die Variabilität der Szenenfolge, selbst in bezug auf die Anfangsszene, und damit auch das Fehlen einer Exposition bewußt geworden ist. Diese beiden Punkte werden vom Lehrer nach dem Vortrag der beiden Gruppensprecher als zusammenfassendes Zwischenergebnis erfragt, das mündlich festgehalten wird.

Anschließend werden die Folie(n) der Gruppe C von deren Sprecher erläutert. Dabei wird sich herausstellen, daß die Reihenfolge der C-Szenen (meist Woyzeck-Hauptmann/Doctor/Andres-Szenen) besonders variabel ist. Dies steht in engem Zusammenhang damit, daß diese Szenen kaum die Handlung vorwärtstreiben, sondern durch Informationen bezüglich des physischen und psychischen Zustands von Woyzeck und dessen sozialer Lage (vgl. Stundenblatt) zusätzliche Aspekte für die Eifersuchtshandlung bringen. Bei diesem Ergebnis können keine präzisen Detailerkenntnisse, sondern nur grob umrissene Feststellungen im Hinblick auf den äußeren und inneren Druck, unter dem Woyzeck steht, erwartet werden. Abschließend fragt der Lehrer auch diese Gruppe, was sich über die Szenenfolge bzw. Exposition festhalten läßt. Ein kurzes Unterrichtsgespräch zeigt, daß sich die Erkenntnisse von Gruppe C mit denen von Gruppe A und B decken.

Den Abschluß der Gruppenarbeitsphase bildet ein Unterrichtsgespräch, in dem die festgestellte Versetzbarkeit vieler Szenen begründet werden soll. Die bei der Auswertung der Gruppenarbeit von den Gruppensprechern vorgetragenen Erklärungen, die sich inhaltlich direkt auf den Dramenkontext bezogen hatten, sollen nun abstrahierend zusammengefaßt werden. Die Selbständigkeit der Einzelszene ergibt sich zum einen daraus, daß die Szenen nur wenige inhaltliche und/oder zeitliche Vorwärts- bzw. Rückwärtsbezüge aufweisen; zum anderen treiben sie vielfach das Handlungsgeschehen nicht weiter, sondern vermitteln die innere und/oder äußere Situation von Figuren.

Die Selbständigkeit und Versetzbarkeit der Einzelszene und das Fehlen einer Exposition muß der Lehrer abschließend kurz gattungstypologisch als Merkmale des offenen Dramas einordnen, für das *Woyzeck* eines der frühesten modernen Beispiele ist. Ferner muß er darauf hinweisen, daß das Stück durch Büchners Tod Fragment geblieben ist und die überlieferten Handschriften nur verschiedene Entstehungsstufen vermitteln, daß aber keine vom Autor legitimierte, verbindliche Szenenabfolge vorliegt, was zu unterschiedlichen *Woyzeck*-Fassungen in der Editionsgeschichte geführt hat. Das Austeilen der Lektüretexte beendet die Stunde.

Hausaufgabe

Wegen der geringen Textlänge kann den Schülern zugemutet werden, das Stück bis zur nächsten Stunde ganz zu lesen. Dabei sollen die Szenen (bei von der Schule geliehenen Büchern mit Bleistift) durchnumeriert werden, um sich im folgenden schneller über Szenen zu verständigen. Als Vorbereitung auf die 3./4. Stunde, die sich mit der Frage der Szenenverknüpfung im offenen Drama beschäftigt, sollen die Schüler ihre Lektüre mit der Leitfrage verbinden, welche Rolle die Handlungsorte bzw. die Figur Woyzeck dabei spielen.

3./4. Stunde:
Merkmale des offenen und geschlossenen Dramas: Handlung, Ort, Zeit, Figurenkonstellation

Sachanalyse

Diese Doppelstunde befaßt sich mit den wichtigsten Strukturmerkmalen des offenen und geschlossenen Dramas, die im wesentlichen der Studie von V. Klotz, 1969 entnommen sind. Als Vergleich wird Schillers *Maria Stuart* herangezogen.

Im geschlossenen Drama vollzieht sich die Handlung nach dem klassischen pyramidalen Schema von Gustav Freytag linear (ohne eigenständige Nebenhandlungsstränge) in fünf Stadien: von der Exposition über die steigende Handlung mit erregendem Moment bis zum Höhe- und Wendepunkt (der Peripetie); die fallende Handlung mit retardierendem Moment endet dann in der Katastrophe. Diesem Handlungsverlauf entsprechen fünf in sich geschlossene Akte. So vermittelt der I. Akt der *Maria Stuart* die Vorgeschichte und die gegenwärtige Situation der Maria als Gefangene sowie die Verkündung ihres Todesurteils; der II. Akt zeigt die Auseinandersetzungen über die Vollstreckung der Hinrichtung bzw. die Befreiungspläne des Doppelagenten Mortimers. In der Begegnung zwischen Maria und Elisabeth erreicht die Handlung im III. Akt den Höhepunkt und durch den Streit zwischen den Königinnen und das Attentat auf Elisabeth zugleich auch den Wendepunkt. Die Katastrophe kann nach einer nochmaligen Verzögerung der Hinrichtungsentscheidung (IV. Akt) schließlich nicht mehr aufgehalten werden: Maria stirbt und Elisabeth bleibt einsam und schuldbeladen zurück (V. Akt).

Die Symmetrie des Handlungsverlaufs, ein wichtiges Kompositionsprinzip des geschlossenen Dramas, erstreckt sich auch auf die Figurenkonstellation: Protagonist und Antagonist, Spieler und Gegenspieler, stehen sich ebenbürtig gegenüber. Beide sind meist Gestalten aus Geschichte oder Mythos und gehören demselben hohen Stande an. Diese symmetrische Anordnung spiegelt sich in der Akteinteilung wider. Im I. und V. Akt (mit Ausnahme der Schlußszenen) steht Maria im Mittelpunkt, im II. und IV. Akt Elisabeth; im III. Akt, dem Höhe- und Wendepunkt der Handlung, treffen beide Rivalinnen aufeinander.

Den Figuren entsprechend sind auch die Handlungsorte symmetrisch angeordnet. So spielt der I. und V. Akt im Schloß von Fotheringhay, der letzte Teil des V. Aktes sowie der II. und IV. Akt im Palast zu Westminster. Die herausragende Bedeutung des III. Aktes wird durch einen Ortswechsel (Park) betont. Obwohl damit die dramatische Idealforderung nach einem einzigen Schauplatz nicht erfüllt ist, kann doch angesichts des geringen Ortswechsels von der Einheit des Handlungsortes gesprochen werden, die der Einheit der Handlung mit ihrem linearen, kontinuierlich aufs Ende fortschreitenden Verlauf und der Einheit der Personen bezüglich ihres gesellschaftlichen Hintergrundes entspricht.

Im geschlossenen Drama wird dem Zuschauer das Gefühl vermittelt, die Handlung vollständig zu überblicken, auch wenn sie nur in Ausschnitten dargestellt wird. So wird der Zuschauer in einer Exposition über die Vorgeschichte informiert und auf das weitere Handlungsgeschehen vorbereitet. Er erfährt in der 1. Szene des Schillerschen Stücks von Marias Jugend in Frankreich, wo sie mit Luxus verwöhnt wurde, ihrer Regierungszeit in Schottland, während der sie Schuld auf sich lud, und ihrer Flucht nach England, wo Elisabeth sie gefangennehmen und vor Gericht stellen ließ. Damit ist der Zuschauer über Handlungsort, über Lebensumstände und Person Marias im Bilde und auf ihr Auftreten in der 2. Szene vorbereitet, das am Ende von I,1 angekündigt wird. Auch die weiteren Szenen des I. Aktes holen noch Teile der Vorgeschichte nach; der Zuschauer erfährt von den Mordanschlägen auf Elisabeth, deren Urheberschaft Maria angelastet wird, und dem Gerichtsverfahren, das die schottische Königin nicht anerkennt. Der Zuschauer wird ferner auch über Ereignisse, die nicht auf der Bühne gezeigt werden, wie etwa das Attentat auf Elisabeth, verbal informiert (III,7 und III,8).

Die Einzelszenen sind fest in den linearen Handlungsverlauf eingebunden und kausal miteinander verknüpft. Kein Ereignis kommt für den Zuschauer völlig überraschend; so hatte er etwa von vergangenen Anschlägen auf Elisabeth bereits in der Exposition erfahren, so daß er im III. Akt nicht mit einer gänzlich neuen Situation konfrontiert wird.

Die vielen Vorwärts- und Rückwärtsbezüge, durch die die Szenen eng miteinander verbunden sind, tragen zur besseren Nachvollziehbarkeit und Klarheit der Handlung bei. Sie bereiten auf das weitere Geschehen vor bzw. weisen auf das vergangene zurück. Ein häufig gebrauchtes Mittel der Szenenverknüpfung ist etwa die Ankündigung von Personen, die in der nächsten Szene auftreten. Auch werden die Szenen durch Wiederholung bestimmter Gesprächsthemen verbunden, die in leicht variierter Form wieder zur Sprache kommen. Die ersten beiden Szenen des I. Aktes von *Maria Stuart* sind durch Kennedys Klage über das aufgebrochene Pult verbunden. Dieselbe Funktion erfüllt Mortimers Karte, die er in I,5 Maria übergibt, deren Inhalt der Zuschauer aber erst in I,6 erfährt; gleichzeitig weist Marias Verwunderung über Mortimers unerwartete Verhaltensänderung in dieser Szene auf dessen unziemliches Benehmen in I,3 zurück. Ein aktübergreifendes Thema ist etwa das Gerichtsverfahren. In I,2 erfährt der Zuschauer zum erstenmal von Marias Klage über das Eilverfahren, das ihr weder einen Anwalt noch eine angemessene Vorbereitungszeit für ihre eigene Verteidigung erlaubte, und über die Richter, die sie nicht als standesgemäß anerkennt. Maria wiederholt die Vorwürfe gegenüber Burleigh in I,7 und gegenüber Elisabeth in III,4; auch Talbot spricht sie in II,3 gegenüber Elisabeth aus.

Die Szenen innerhalb eines Aktes werden ferner durch Personenketten verbunden, d. h. mindestens eine Figur der jeweiligen Szene bleibt auch in der nächsten oder im ganzen Akt anwesend. Im I. Akt von *Maria Stuart* kommt zu den Personen der 1. Szene (Kennedy, Paulet, Drury) in I,2 noch Maria hinzu. In I,3 tritt kurz Mortimer, Paulets Neffe, auf. Danach bleiben Maria und deren Amme Kennedy allein auf der Bühne zurück (I,4), zu denen sich in I,5 wieder Mortimer gesellt. Auf Geheiß Marias läßt Kennedy die beiden in I,6 zu einem Gespräch allein. Nach dem Abgang Mortimers erscheint, bereits in I,6 angekündigt, Burleigh, von Paulet begleitet, der nun Maria das Hinrichtungsurteil verkündet. Maria, die seit der Szene I,2 fortwährend auf der Bühne anwesend gewesen war, läßt diese beiden dann in I,8, der letzten Szene des Aktes, allein auf der Bühne zurück.

Die Technik der Personenkette verknüpft nicht nur die Szenen eng miteinander, sondern läßt auch den Verlauf der Handlungszeit kontinuierlich erscheinen, da durch die fortwährende Anwesenheit einer oder mehrerer Personen Zeitsprünge nicht möglich sind. Auch zwischen den Akten vergehen im geschlossenen Drama höchstens wenige Tage. Nur in Szene IV,5 wird die Personenkette unterbrochen; der Blick des Zuschauers wird auf Elisabeth gelenkt, die von Burleigh gerade über Leicesters Verschwörung informiert wird. Auch dies ist allerdings kein Zeitsprung im Sinne des offenen Dramas, sondern eher eine dramatische Betonung der Gleichzeitigkeit von Handlungen. Somit ist die aristotelische Forderung nach der Einheit der Zeit, des Ortes und der Handlung erfüllt, die das geschlossene Drama als dramatisches Strukturprinzip übernimmt.

Im offenen Drama steht dem die Vielfalt der Handlung, des Ortes und der Zeit gegenüber. Die Handlung verläuft nur bedingt kontinuierlich; gezeigt werden nicht oder nur wenig verbundene punktuelle Ausschnitte, Momentaufnahmen. Entsprechend wird auch auf eine formal festgelegte Handlungseinteilung verzichtet. Kontrast ist ein wichtiges Kompositionsprinzip des offenen Dramas, das sich wegen des Fragment-Charakters von *Woyzeck* in der Szenenfolge nur mit Vorbehalt aufzeigen läßt. So werden etwa in den ersten beiden Szenen der letzten Fassung H 4 der von Visionen verfolgte, verängstigte Woyzeck mit dem prächtigen Tambourmajor kontrastiert, dem visionären Naturschauspiel folgt das Stadtschauspiel des Zapfenstreichs.

Abgesehen von einem knappen Handlungsgerüst – bei *Woyzeck* die Eifersuchtsmord-Handlung – sind viele Szenen versetzbar, wie die vorangegangene Stunde den Schülern vermittelte. Es fehlt eine

Exposition, die die Figuren und deren Vorgeschichte einführt; der Zuschauer wird sofort mitten in die Handlung versetzt. Wegen der unsicheren Szenenfolge im *Woyzeck* läßt sich nicht ausmachen, welche Szene Büchner an den Beginn des Stückes gestellt hätte. Mit der früher üblichen Rasierszene (Szene 5) beginnt die Handlung ebenso abrupt wie mit der heute verbreiteten Szene „Freies Feld. Die Stadt in der Ferne" (Szene 1). Die Versetzbarkeit der Szenen ergibt sich aus der Selbständigkeit der Einzelszenen, die oft keine oder zumindest keine eindeutigen Vorwärts- und Rückwärtsbezüge aufweisen. So erfährt der Zuschauer etwa vor der Doctor-Szene nichts von Woyzecks Erbsendiät, obwohl dessen Zustand in vorangegangenen Szenen durchaus Andeutungen nahegelegt hätte. Es bleibt ungewiß, ob Marie den Tambourmajor beim Zapfenstreich zum erstenmal gesehen hat, wann sie sich mit ihm zum Rendezvous verabredet und wann er ihr die Ohrringe schenkt. Daß Woyzeck ernsthafte Mordabsichten hat, zeigt uns erst der Messerkauf beim Juden kurz vor Ausführung der Tat. Ausgesprochen wird sie aber auch da nicht. Der Zuschauer wird in jeder Szene mit einer neuen Situation konfrontiert, auf die er vorher – zumindestens auf der verbal-rationalen Ebene – nicht vorbereitet wurde. Allenfalls kann er durch die Wortmotive, auf die noch näher eingegangen werden wird, das weitere Geschehen dunkel erahnen.

Mit welchen dramatischen Mitteln werden die Szenen eines offenen Dramas verknüpft? Ein Mittel ist die Einführung eines zentralen Ichs, einer Figur, die im Mittelpunkt der Handlung steht und in den meisten Szenen vorkommt. Diese Funktion übernimmt bei Büchners Drama Franz Woyzeck, der nur in fünf Szenen nicht anwesend ist: in Szene 6, 16, 21, 25 und 26.

Die Verknüpfung von Szenen wird weiter durch die Wiederholung von Handlungsorten erreicht. Obwohl im *Woyzeck* der Ort nach jeder Szene wechselt, kommen doch im ganzen Stück einige Schauplätze mehrfach vor: Freies Feld, Gasse/Straße, Kammer, Wirtshaus. Verbindende Funktion hat ferner die Wiederholung derselben oder einer ähnlichen Situation. So sind die beiden Szenen „Freies Feld" nicht nur durch denselben Handlungsort, sondern auch durch die Visionen verknüpft, die Woyzeck in beiden Fällen erlebt. In den drei Wirtshausszenen werden jeweils Lieder gesungen und enger körperlicher Kontakt hergestellt: beim Tanz zwischen Tambourmajor und Marie sowie zwischen Woyzeck und Käthe bzw. beim Kampf zwischen Woyzeck und dem Tambourmajor.

Ein drittes wichtiges Mittel der Szenenverklammerung sind Wortmotive. (Dieser Begriff wird dem von Klotz verwendeten Begriff der „metaphorischen Verklammerung" vorgezogen, da er weiter gefaßt ist.) Dabei handelt es sich um Worte mit erhöhter inhaltlicher Bedeutung oder besonderer emotionaler Ausdruckskraft, die die Gefühlslage von Figuren und die Atmosphäre einer Szene wiedergeben. So spiegelt etwa die Bildkette „heiß" (Szenen 9, 10, 11, 20) Woyzecks Liebe zu Marie und seine rasende Eifersucht wider (selbst noch in Szene 22, auf Käthe übertragen), während das Motiv in Szene 16 Maries Reue und Sorge um ihre Liebe ausdrückt. Im rhythmischen Motiv „immer zu, immer zu" (Szenen 11, 12, 13, 20 [abgewandelt zu „immer noch"] 22) vermischt sich bereits das Eifersuchts- mit dem Todesmotiv. Auch das Wortmotiv „rot", das anfänglich noch Liebe und Leidenschaft, allerdings auch schon Untreue impliziert (Szenen 4, 7), wird immer mehr zum Todesmotiv (Szenen 17, 19, 20, 22, 23, 25). Maries Tod lassen eine Reihe von

Bildern vorausahnen: nicht nur der Komplementärstrang zu „heiß" „kalt" (Szenen 9, 20, 22, 23), sondern auch die Bilder „Blut" (Szenen 5, 14, 20, 22, 24), „Messer" (Szenen 9, 13, 15, 23, dinglich als Tatwaffe in Szene 20), „tot" bzw. „Tod" (Szenen 1, 9, 11, 12, 15, 16, 19, 20) und „Mond" (Szenen 19, 20, 24). Alle diese Bildketten münden in die Mordszene (Szene 20) ein.

Büchners Stück wird aber noch durch viele andere Wortmotive verbunden, von denen hier die wichtigsten aufgeführt werden: „Auge" (Szenen 2, 3, 4, 6, 7, 8, 9, 10, 13, 18), „blind" (Szenen 2, 4, 7), „still" (Szenen 1, 2, 4, 12, 21, 23), „Sonn" (Szenen 4, 7, 8, 10, 11, 16, 17, 19), „Teufel" (Szenen 4, 6, 7, 9, 22), „Brandewein/ Schnaps" (Szenen 3, 11, 13, 14, 17), „Musik" (Szenen 10, 12, 13 [„Geigen"]), „Tanz" (Szenen 10, 13, 22) und „Himmel" (Szenen 1, 7, 9, 19, 20).

Wortmotive haben im offenen Drama somit eine strukturelle Funktion, indem sie einen szenenübergreifenden Zusammenhang im Stück herstellen. Sie schaffen eine atmosphärische Verdichtung von Stimmungen und lassen kommendes Geschehen unbestimmt vorausahnen. Durch ihre Vielschichtigkeit läßt sich ihre Wirkung nur schwer konkret beschreiben. Ihre Verwendung zielt nicht darauf ab, daß der Zuschauer die Handlung rational erfaßt, sondern daß er diese über den Gefühlsbereich (auch unbewußt) assoziativ miterlebt.

Der Vollständigkeit halber sei an dieser Stelle noch das letzte Mittel der Szenenverknüpfung im offenen Drama erwähnt: Der Integrationspunkt, der das Kernthema des Stückes abstrahierend zusammenfaßt. Diese Funktion erfüllt in Woyzeck das „Märchen" der Großmutter (Szene 19), auf das in der nächsten Doppelstunde ausführlich eingegangen werden wird.

Der im geschlossenen Drama aufgezeigten Einheit des Ortes steht im offenen Drama eine Fülle von Handlungsorten gegenüber, in der sich die Autonomie der Einzelszene mit ihrer punktuellen Darstellung der Handlung manifestiert. Im Extremfall – wie bei Woyzeck – wechselt nach jeder Szene der Ort des Geschehens. Den Handlungsausschnitten entsprechend ist auch der Zeitverlauf sprunghaft und diskontinuierlich. Bei Woyzeck bleibt unklar, wieviel Zeit zwischen Anfang und Ende des Stücks bzw. zwischen den einzelnen Szenen vergeht. Darüber hinaus ist auch eine zeitliche Chronologie der Szenen kaum auszumachen; nur in den wenigen Szenen des engeren Handlungsgerüsts rückt das Ende zeitlich näher.

Der Vielfalt von Handlung, Ort und Zeit entspricht die Vielfalt von Personen, die beim offenen Drama aus allen Schichten der Gesellschaft stammen können. In dieser historisch jüngeren Form sind aber meistens Mittel- und Unterschicht vertreten. Bei Woyzeck steht zum erstenmal in der Geschichte des ernsten Dramas eine Figur aus der Unterschicht im Mittelpunkt. Auch die meisten anderen Figuren gehören dieser Schicht an, während Hauptmann, Doctor und Tambourmajor der Mittelschicht zuzurechnen sind (über differierende Auffassungen im Hinblick auf eine soziale Einordnung dieser drei Figuren siehe 5./6. Stunde, S. 30f.). Der Adel als die eigentliche (noch) herrschende Schicht wird nur am Rande erwähnt: „Wenn ich am Sonntag erst den großen Federbusch hab' und die weiße Handschuh, Donnerwetter, Marie, der Prinz sagt immer: Mensch, Er ist ein Kerl." (Szene 6). Im Gegensatz zum geschlossenen Drama, wo dem Helden ein Gegenspieler gegenübersteht, muß der Protagonist des offenen Dramas mit der Welt in ihren vielfältigen Erscheinungsformen ringen. So sind für Woyzeck nicht nur der Doctor, der Hauptmann und der Tambourmajor Gegenspieler, sondern auch Marie, die ihm untreu wird, sowie Andres, der ihn nicht versteht und ihn daher nicht psychisch stützen kann.

Der offene und geschlossene Dramentyp sind jeweils Idealtypen, die nur selten in allen Punkten in einem Drama verwirklicht sind. Obwohl Klotz selbst später in einer Vorbemerkung seines Buches *Dramaturgie des Publikums* (München, 1976) diese Drameneinteilung als etwas zu schematisch relativiert, da sie die individuelle, geschichtliche Eigenart des einzelnen Dramas vernachlässige, bleibt seine Unterscheidung beider Stiltendenzen von großem Wert für die Dramenanalyse (vgl. H. Geiger, H. Haarmann, 1978). Was die historische Einordnung beider Dramentypen angeht, so hält sich Klotz in seiner Studie zurück. Er weist darauf hin, daß das geschlossene Drama in einer hierarchisch streng gegliederten, aristokratischen Gesellschaft mit allgemeinverbindlichem einheitlichen Weltbild bevorzugt wird, während das offene Drama in gesellschaftlich weniger normativ ausgerichteten Epochen verbreitet sei.

Das geschlossene Drama ist auf jeden Fall der historisch ältere, vor dem 19. Jahrhundert verbreitetere Typ, wenn man von Ausnahmen wie etwa Shakespeare absieht; er erreicht in der Klassik einen Höhepunkt der Reife. Trotz vereinzelter früherer Versuche, etwa im Sturm und Drang, ist das offene Drama der bevorzugte nachklassische Dramentyp der Moderne. Die diesem Drama eigene Vielfalt in bezug auf Ort, Zeit, Handlung, Personen und Sprache stellt die geeignete Ausdrucksform einer Zeit dar, in der das allgemeingültige Weltbild der Ständegesellschaft aufbricht und mit der sozialen Mobilität eine Subjektivierung der Werte und damit eine Individualisierung der Weltsicht einhergeht. Diese im Laufe des 19.

Jahrhunderts zunehmend deutlicher werdende Entwicklung trägt zu einer Verbreitung dieses Gattungstyps bei. Büchners *Woyzeck* ist eines der frühesten Beispiele für eine konsequente Verwirklichung der offenen Dramenform.

Unterrichtsschwerpunkte

– Technik der Szenenverknüpfung im offenen Drama (zentrales Ich, Wiederholung von Handlungsorten bzw. dramatischen Situationen, Wortmotive)
– Merkmale des geschlossenen Dramas (am Beispiel von Schillers *Maria Stuart*): Einheit von Handlung, Ort und Zeit, einheitlicher Stand der Personen
– Merkmale des offenen Dramas: Vielfalt von Handlung, Ort und Zeit, Vielfalt der Personen

Unterrichtsverlauf

Phase 1:
Handlungsmerkmale des offenen Dramas
(Wiederholung)

In dieser Einstiegsphase werden die Handlungsmerkmale des offenen Dramas, die in der letzten Stunde erarbeitet wurden (Fehlen einer Exposition, Selbständigkeit und Versetzbarkeit der Einzelszene) wiederholt. Das Ergebnis ist bereits auf dem Arbeitsblatt festgehalten, das nun als Grundlage der weiteren Arbeit dieser Stunde ausgeteilt wird. Es enthält auf der linken Seite die Merkmale des geschlossenen Dramas, die im weiteren Verlauf der Stunde durch ein Schülerreferat am Beispiel von Schillers *Maria Stuart* erläutert werden. Die rechte Seite, die die Merkmale des offenen Dramas am Beispiel von Büchners *Woyzeck* aufnehmen soll, ist bis auf die oben besprochenen Ergebnisse leer.

Phase 2:
Szenenverknüpfung im offenen Drama durch das zentrale Ich und Wiederholung von Handlungsorten

In einem kurzen Unterrichtsgespräch wird nun die Hausaufgabe besprochen, bei der die Rolle der Figur Woyzeck bzw. von Handlungsorten für den strukturellen Zusammenhalt des Stückes zu klären war. Da Woyzeck in den meisten Szenen vorkommt, erkennen die Schüler mühelos die szenenverbindende Funktion dieser Figur. Den Begriff des zentralen Ichs muß der Lehrer dann in der Regel einführen. Auch die Wiederholung von Handlungsorten als Mittel der Szenenverknüpfung wird leicht erkannt. Diese Punkte werden als Ergebnis im Arbeitsblatt festgehalten (vgl. Stundenblatt S. 6). Daß die im Stück wiederholten dramatischen Situationen dieselbe Funktion erfüllen, ist bei der ersten Lektüre vielleicht nicht so offensichtlich und wird daher erst beim folgenden Szenenvergleich ergänzt.

Phase 3:
Szenenverknüpfung im offenen Drama durch Wiederholung von Handlungssituationen und Wortmotive

Die Schüler sollen nun Szene 1 und 12 mit verteilten Rollen lesen und dabei auf die Mittel achten, die die beiden Szenen verbinden. Dabei ist auch die Wortwahl zu berücksichtigen. Die Schüler können die Frage in der Regel direkt nach der Lektüre beantworten.

Als Ergebnis wird die bereits bekannte Szenenverbindung durch das zentrale Ich und durch die Wiederholung von Handlungsorten bzw. (als neue Mittel) durch die Wiederholung von ähnlichen dramatischen Situationen an der Tafel festgehalten (s. Tafelanschrieb, Stundenblatt). Den Begriff des Wortmotivs muß aber

dann der Lehrer einführen und (mündlich) definieren (siehe Stundenblatt). Die beiden neuen Verknüpfungstechniken werden anschließend ins Arbeitsblatt eingetragen.

In der folgenden arbeitsteiligen Gruppenarbeit werden dann eine Reihe von Szenen auf die Verbindung mit Wortmotiven hin untersucht. Der Kurs wird in vier Gruppen aufgeteilt, wobei jeweils zwei Gruppen einen Arbeitsauftrag bearbeiten. Die Gruppen 1 und 2 untersuchen die Szenen 4, 7, 11, 12, 13, 22, Gruppe 3 und 4 die Szenen 1, 10, 15, 19, 20, 23, 24. Es beschleunigt den Ablauf, wenn die Zeit, in der sich die einzelnen Gruppen zusammensetzen, vom Lehrer dazu genutzt wird, diese Szenenangaben (nach Gruppen getrennt) an die Tafel zu schreiben. Dadurch werden Verzögerungen des Arbeitsbeginns wegen Rückfragen vermieden.

Die Auswertung der Ergebnisse kann als Tafelanschrieb erfolgen. Dabei werden die gefundenen Wortmotive den entsprechenden Szenen zugeordnet. Der Lehrer sollte ggf. während der Gruppenarbeitsphase den Tafelanschrieb vorbereiten. Es geht bei dieser Auswertung nicht um die Motive im einzelnen, sondern um die Verdeutlichung des Strukturprinzips. Daher wäre auch eine rein mündliche Auswertung mit Hilfe des Overheadprojektors denkbar. Hierbei deckt der Lehrer, nachdem die Wortmotive der jeweiligen Gruppen genannt wurden, den entsprechenden Teil der Folie 1 auf.

Der Tafelanschrieb bzw. die Folie 1 muß während der folgenden Einzelarbeitsphase sichtbar sein, denn die Schüler sollen nun in einem weiteren Schritt herausfinden, welche der Wortmotive, die in den Szenen der anderen Gruppen vorkommen, auch in den eigenen Szenen zu finden sind. Bei der Auswertung des Arbeitsauftrags hält der Lehrer die Ergebnisse entweder mit farbiger Kreide an der Tafel fest oder legt Folie 2, die sich farblich abheben muß, über Folie 1. (Grundlage für den Tafelanschrieb bzw. die Erstellung von Folie 1 und 2 s. Stundenblatt S. 7 und 8.)

Zur optimalen Ergebnissicherung hat es sich bewährt, daß der Lehrer Kopien von beiden Folien (übereinandergelegt als ein Blatt) anfertigt und nach Besprechung der Ergebnisse den Schülern austeilt.

Der Integrationspunkt als vierte Szenenverbindungstechnik wird erst in der folgenden Doppelstunde besprochen und ins Arbeitsblatt eingetragen.

Phase 4:
Merkmale des geschlossenen Dramas

Nachdem im ersten Teil der Stunde die Techniken der Szenenverknüpfung beim offenen Drama (mit Ausnahme des Integrationspunkts) erarbeitet worden sind, beschäftigt sich die nun folgende Phase mit dem geschlossenen Drama. Ein Schülerreferat erläutert die im Arbeitsblatt aufgeführten Merkmale des geschlossenen Dramas am Beispiel von Schillers *Maria Stuart*. Der lineare Handlungsverlauf, die symmetrische Handlungs- und Ortseinteilung und die Personenkette wird der Klasse durch den Referenten mittels Folie 3 und 4 bzw. Tafelanschrieb verdeutlicht (Einzelheiten dazu s. S. 12 f.).

Grundsätzlich sollte das referierte Drama zumindest inhaltlich bereits in einer früheren Unterrichtseinheit behandelt worden sein, damit das Handlungsgeschehen schnell wieder ins Gedächtnis gerufen werden kann. Das Referat sollte insgesamt deshalb sehr wenig Zeit in Anspruch nehmen. Falls *Maria Stuart* dem Kurs nicht bekannt ist, sollte lieber ein mit der Klasse behandeltes geschlossenes Drama gewählt werden. Allerdings muß dann der Dialogausschnitt aus *Maria Stuart* in der 15./16. Stunde durch einen entsprechenden aus dem bekannten Stück ersetzt werden.

Phase 5:
Vergleich mit ‚Woyzeck‘ als offenem Drama

An das Schülerreferat schließt sich nun eine kurze Einzelarbeitsphase an, in der die aufgezeigten Merkmale des geschlossenen Dramas mit *Woyzeck* als Beispiel eines offenen Dramas verglichen werden sollen. Die festgestellten Unterschiede werden in das Arbeitsblatt eingetragen und bei der Auswertung besprochen (siehe Stundenblatt).

Bei der Rubrik „Personen" muß der Lehrer darauf hinweisen, daß die Figuren des offenen Dramas aus allen Schichten stammen können, in dieser historisch jüngeren, vor allem in moderner Zeit verbreiteten Dramenform aber vorwiegend aus der Unter- und Mittelschicht kommen. Es sollte auch angemerkt werden, daß mit Woyzeck zum erstenmal in der Dramengeschichte eine Figur aus der Unterschicht im Mittelpunkt eines ernsten Dramas steht. Ist bei der Feststellung von Woyzecks Gegenspieler(n) keine Einigung zu erzielen, so sollte dies kontrovers diskutiert, eine endgültige Klärung aber auf die 5./6. Stunde verschoben werden, die sich inhaltlich mit diesem Problem auseinandersetzt. Es muß dann am Schluß der Stunde noch einmal aufgegriffen werden. Abschließend sollte der Lehrer noch einen kurzen Hinweis zur historischen Einordnung und zum ideengeschichtlichen Hintergrund beider Dramentypen geben (siehe Stundenblatt).

Falls die Zeit für diese Phase nicht mehr reicht, kann der Arbeitsauftrag als Hausaufgabe gegeben werden. Die auf die folgende Stunde vorgesehene Hausaufgabe wird dann als Arbeitsphase in die Stunde mit einbezogen, für deren Stoff somit zeitlich eine Unterrichtsstunde mehr vorzusehen ist.

Hausaufgabe

Als vorbereitende Aufgabe für die nächste Doppelstunde, die sich mit Woyzecks zwischenmenschlicher Situation befaßt, ist die Szene 9 unter folgenden, schriftlich zu beantwortenden Leitfragen zu lesen:
1. Was bedeutet Marie für Woyzeck?
2. Welches Verhältnis haben der Doctor und der Hauptmann menschlich bzw. sozial zu Woyzeck?
3. Wie beurteilen Sie ihr Verhalten gegenüber Woyzeck?

5./6. Stunde:
Woyzecks gesellschaftliche Machtlosigkeit und zwischenmenschliche Isolation

Sachanalyse

Im Mittelpunkt dieser Stunde steht Woyzecks Verhältnis zu den sozial höher- und sozial gleichgestellten Figuren und die Frage nach seinen Handlungs- und Verständigungsmöglichkeiten.

Bereits in seiner Flugschrift *Der Hessische Landbote* hatte Büchner zwei Gesellschaftsklassen unterschieden: die Reichen und die Armen. Vom Mitherausgeber Weidig wurde der Ausdruck „die Reichen" dann durch den weniger radikalen Begriff „die Vornehmen" ersetzt, da seine politische Stoßrichtung gegen den Adel gerichtet war, während Büchner mit der rein ökonomischen Definition auch bereits das Bürgertum mit im Visier hatte. Gleichzeitig wird in seinen Briefen mehrfach auch auf den Besitz bzw. das Fehlen von Bildung (im weitesten Sinne) als

Unterscheidungsmerkmal hingewiesen. (Weitere Details über Büchners und Weidigs politische Auffassungen sind der 9./ 10. Stunde zu entnehmen). Auch die Figuren im *Woyzeck* gehören zwei Klassen an, was sich auch in der Figurenbezeichnung widerspiegelt. Die wichtigsten Figuren des Volkes haben individuelle Namen (Marie, Woyzeck, Andres), die sozial höherstehenden Figuren haben Titel oder Rangbezeichnungen (Hauptmann, Tambourmajor, Doctor). Obwohl die drei letztgenannten Figuren im Stück aus der Perspektive von Woyzeck die Oberschicht darstellen, scheint mir dieser in der Sekundärliteratur häufig gebrauchte Begriff problematisch, da alle drei soziologisch nicht der Oberschicht, sondern der Mittelschicht angehören. Die historisch noch herrschende Oberschicht, der Adel, wird im Stück nur kurz erwähnt. Die UE beschränkt sich daher darauf, diese Figuren als „sozial höherstehend" zu definieren, da dies neutraler und präziser ist.

In der Literaturwissenschaft läßt sich eine weitgehende Übereinstimmung in der grundsätzlichen sozialen Einordnung der Figuren des Hauptmanns und des Doctors feststellen. Den Interpretationsansätzen, die in *Woyzeck* eine Darstellung allgemein-menschlichen Schicksals sehen (Details siehe 13./14. Stunde), genügt es, den Hauptmann und den Doctor als „Repräsentanten der Oberklasse" (E. Dosenheimer, *Das soziale Drama,* 1968, S. 71) oder als „Vorgesetzte" (W. Wittkowski, *Georg Büchner,* 1978, S. 272) zu sehen. Wenn eine genauere Schichtenzugehörigkeit der beiden Figuren angegeben ist, dann werden sie meist zum Bürgertum gezählt, vielfach ohne eine konkrete soziologische Begründung.

Die sozialkritisch orientierten Ansätze bemühen sich um eine aus dem Stück bzw. dem Zeithintergrund begründete Schichtenbestimmung, kommen aber letztlich meist zu demselben Schluß, nämlich zur Einordnung ins Bürgertum. Nur ausnahmsweise wird der Hauptmann dem Adel zugeordnet. Für A. Meier vertritt der Hauptmann „die feudalistische Staatsmacht":

„Zeit ist für ihn keine Gelegenheit mehr für sinnvolle Tätigkeit, da seine Klasse im Begriff steht, ihre Funktion im Gemeinwesen zu verlieren" (S. 43).

Der Doctor repräsentiere dagegen das historisch progressivere

„rationale Bürgertum, das sein soziales System durch Verträge reguliert, was die Vertragspartner zum Einverständnis zwingt, [und] dadurch leistungsfähiger [ist] als der Feudalismus, der aus metaphysischen Prinzipien seine Legitimation ableiten muß" (S. 51).

Damit sieht er die beiden Figuren „in Konkurrenz der Klassen" (S. 52) und daher einander feindlich gegenübergestellt. Gegen diese soziale Einordnung des Hauptmanns spricht vor allem seine Präokkupation mit Sexualmoral, Triebverzicht und Ehe, Wertmaßstäben also, die historisch dem Bürgertum zuzuordnen sind. Im übrigen müßte dann auch der Tambourmajor als adliger Vertreter des Feudalismus angesehen werden, da er – wie der Hauptmann – dem Prinzen dient und diesen als einzige Figur des Stücks überhaupt erwähnt. Meier stuft ihn aber in der Militärhierarchie kaum höher als Woyzeck ein. Der Antagonismus zwischen Hauptmann und Doctor läßt sich aber auch im Rahmen einer bürgerlichen Schichtzugehörigkeit beider Figuren erklären, von der in dieser Unterrichtseinheit ausgegangen wird:

Die verschiedenen Verhaltensmuster, die sie als komplementäre Figuren repräsentieren, sind charakteristisch für zwei Bildungsstufen innerhalb der Entwicklung des Bürgertums. Die auf ein allgemein-menschliches Vollkommenheitsideal und dementsprechende Moral- und Ge-

mütswerte fixierte Stufe, der der Typ des Hauptmanns zugehört, wird bereits historisch in den Schatten gestellt durch die andere, die Büchner in abschreckender Vorausschau mit dem Typ des Doktors grell beleuchtet – im Zeichen eines offen menschenverachtenden Wissenschaftseifers und Zweckstrebens, das sich jeder Gefühls- und Gewissensanfälligkeit enthebt. Der Gegensatz ist nur relativ. Der enthemmte Egoismus des bürgerlichen Individuums als Grundelement der „modernen Gesellschaft" schärft den Blick für seine frühen unschuldsvollen Ansätze. Von den Erfahrungen der Betrogenen aus gesehen, gibt er unter seinen täuschenden ideologischen Verhüllungen, den Signaturen von Freiheit, Emanzipation, Humanität, Moral und Schönheit, jeweils seinen (spiegelverkehrten) fatalen Abdruck zu erkennen.
(Poschmann, 1983, S. 274f.)

Die Feindseligkeit, mit denen sich beide Figuren begegnen, zeigt das Gespräch im ersten Teil der Szene 9 deutlich. Als Woyzeck dann, wie immer von einer Arbeit zur anderen hetzend, die Straße heruntergerannt kommt, vereint beide das Interesse an diesem neuen „Spiel"- bzw. Untersuchungsobjekt. Woyzeck ist von beiden sozial und wirtschaftlich als „Arbeitgeber" abhängig: vom Hauptmann als militärischer Untergebener, vom Doctor – gebunden durch einen Vertrag – als Versuchsobjekt für dessen Erbsendiät. Der Hauptmann wendet sich gleich wieder seinem Lieblingsthema, der Sexualmoral, zu und deutet Maries Untreue an, von der Woyzeck bisher offensichtlich noch nichts wußte. (Im Gegensatz zur Szenenfolge der Handschriften müßte daher eigentlich Szene 7 nach Szene 9 kommen.) Die Nachricht trifft Woyzeck tief, da Marie sein ganzer Lebensinhalt ist. An Woyzecks Entsetzen aber weidet sich sein Vorgesetzter in unmenschlicher, fast sadistisch zu nennender Weise. Die scheinbar altruistische Gutmütigkeit des Hauptmanns wird hier – wie schon in Szene 5 –

durch den ständigen abrupten Wechsel zwischen („gutgemeinter") Anteilnahme, (latenten) Angriffen und selbstgefälliger Rührung entlarvt. In dieser Szene zeigt dies etwa seine Drohung, Woyzeck wegen seines entsetzten Blicks erschießen zu lassen, die sofort wieder zur „gutgemeinten" Versicherung wird, daß Woyzeck ein guter Mensch sei. So entpuppt sich „Moral als Gewalt" (A. Glück, 1985, S. 68.) Dieselbe Unmenschlichkeit ist auch beim Doctor festzustellen, für den Woyzeck nur ein wissenschaftliches Beobachtungsobjekt ist. Dessen Verzweiflung berührt ihn menschlich überhaupt nicht, sondern ist ihm nur ein willkommener Anlaß, die physischen Abläufe dieser Reaktion zu protokollieren. Beiden Figuren ist Woyzeck hilflos ausgeliefert.

Im Hinblick auf die soziale Einordnung des Tambourmajors, Woyzecks Rivalen, wurde in Einzelfällen die Meinung vertreten, daß er ein primitiver Vertreter des Volks, der „gemeinen Leut" sei; seine Sprache weise dies aus (Martens, 1957/58, S. 383). Die meisten Interpreten sind sich jedoch einig, daß er als Leiter der Militärkapelle ein Unteroffizier ist (Hinderer, 1977, S. 201), der nach dem Gebrauch der Zeit prachtvoller uniformiert war als mancher Offizier (Knapp, 1984, S. 134). Somit steht er sozial über dem einfachen Soldaten Woyzeck. Allerdings tritt diese soziale Komponente bei den ahistorisch orientierten Interpretationen zugunsten der „strotzende(n) Sinnlichkeit" (Baumann, 1976, S. 158), dem „Zauber der uniformierten kraftstrotzenden Männlichkeit" (Mautner, 1961, S. 523) zurück; es ist vom „rein vitalen, völlig unreflektierten Tambourmajor, einer rassigen Mann-Bestie" die Rede (v. Wiese, 1961, S. 531).

Aufgrund seiner gesellschaftlichen Stellung ist der Tambourmajor Woyzeck sozial und damit auch materiell überlegen. Während sich Woyzeck auf Kosten seiner Gesundheit und Vitalkraft abrackern muß, um Marie und das Kind mit dem Allernötigsten zu versorgen, kann der Tambourmajor sie mit Luxus wie Schmuck verwöhnen. Die Szene 4 betont Maries Faszination durch äußeren Glitter und ihre Sehnsucht nach einem angenehmeren Leben. Bereits in der Budenszene (Szene 3) war sie von „prachtvollen" Äußerlichkeiten (Quasten, Hosen) bzw. Prestigeobjekten (Uhr) sehr beeindruckt. Ihre Lebenssehnsucht wird in dieser Szene kontrastiert mit Woyzecks erschöpftem, gehetztem Zustand, der ihn für die armen Leute sogar Schlaf als Arbeit sehen läßt: „Alles Arbeit unter der Sonn [...]". Obwohl ihm die Ohrringe verdächtig erscheinen („Ich hab so noch nix gefunden. Zwei auf einmal"), glaubt er Marie. Die Szene verdeutlicht ferner den Kontrast zwischen dem Tambourmajor, der Marie mit Schmuck aus egoistischen Gründen besticht, und Woyzeck, der, um Marie und das Kind ehrlich besorgt, ihr sein mühsam erarbeitetes Geld abliefert, um gleich wieder zu seiner nächsten Pflicht zu eilen.

Der Tambourmajor ist Woyzeck auch physisch überlegen. Bereits in Szene 2 lassen Margreths und Maries bewundernde Äußerungen dessen körperliche Kraft und Vitalität erkennen: „Was ein Mann, wie ein Baum."; „Er steht auf seinen Füßen wie ein Löw.". Auch in Szene 6 drückt Marie ihre rückhaltlose Bewunderung über das eindrucksvolle Aussehen ihres Liebhabers aus:

MARIE *ihn ansehend, mit Ausdruck:* Geh' einmal vor dich hin. – Ueber die Brust wie ein Rind und ein Bart wie ein Löw – So ist keiner – Ich bin stolz vor allen Weibern.

Die Tiervergleiche verdeutlichen dabei die animalisch-sexuelle Komponente ihrer Beziehung; auch der Tambourmajor spricht vom Anlegen einer „Zucht von Tambourmajors" (Szene 3, S. 7; Szene 6,

S. 11). Woyzeck befindet sich dagegen in einem äußerst schlechten körperlichen Zustand. Um zusätzliches Geld zu verdienen, hat er sich beim Doctor als Versuchsobjekt verdingt und muß sich daher seit einem Vierteljahr ausschließlich von Erbsen ernähren. Dies hat inzwischen Auswirkungen gezeigt: Er zittert, hat ohnmachtsähnliche Anfälle und seine Haare sind sehr dünn geworden (Szene 18). Seine erbarmungswürdige Verfassung läßt ihn auch im Kampf mit dem Tambourmajor unterliegen (Szene 14).

Der zweimal im Zusammenhang mit dem Tambourmajor verwendete Tiervergleich „wie ein Löw" spiegelt nicht nur die körperliche Stärke des Tambourmajors wider, sondern impliziert auch dessen großes Selbstbewußtsein. Er ist auf sein Aussehen sehr stolz, auf seinen Körper und seine Uniform:

> TAMBOURMAJOR: Wenn ich am Sonntag erst den großen Federbusch hab' und die weiße Handschuh, Donnerwetter, Marie, der Prinz sagt immer: Mensch, Er ist ein Kerl.
>
> (Szene 6)

Sein überhebliches, prahlerisches Gehabe im Wirtshaus vor dem Kampf mit Woyzeck zeugt von großem Selbstwertgefühl: „Ich bin ein Mann! *(schlägt sich auf die Brust)* ein Mann sag' ich." (Szene 14, S. 19). Im vollen Bewußtsein seiner sozialen und körperlichen Überlegenheit macht er sich einen Spaß daraus, Woyzeck zu demütigen. Woyzeck ist dagegen von Visionen verfolgt, verunsichert, „vergeistert" (Szene 2, S. 6), was nicht zuletzt auf die Erbsendiät zurückzuführen ist, wie die freudige Reaktion des Doctors zeigt (Szene 8, S. 13f.). Er hat weder genug Kraft noch genug Selbstbewußtsein, nach der Herkunft von Maries Ohrringen zu fragen, und kann sich gegen den Tambourmajor nicht wehren.

Zusammenfassend läßt sich über die beiden Rivalen folgendes festhalten: Woyzeck muß sich aufgrund seiner schlechten sozialen Position zur Sicherung seiner Familie abhetzen und sich neben seinen militärischen Pflichten noch zusätzlich verdingen. Aber trotzdem bleibt seine materielle Lage unbefriedigend. Die Erbsenkur, der er sich aus finanziellen Gründen unterzieht, sowie eventuell auch seine ständige Überarbeitung, resultieren in einer sehr schlechten physischen und psychischen Verfassung. Der Tambourmajor hat dagegen aufgrund seiner sozialen Stellung keine materiellen Sorgen und braucht seine körperliche Kraft nicht im täglichen Daseinskampf zu verschleißen. Seine soziale Stellung, seine prächtige Uniform, sein athletisches Aussehen lassen ihn Bewunderung – ob vom Prinzen oder von Frauen – erfahren und führen so zu seinem großen Selbstwertgefühl.

Übrigens ist in diesem Zusammenhang die Funktion des Fensters in Szene 2 interessant, auf die G. E. Bell (1972, S. 95–108) hingewiesen hat. Maries Kontakt mit dem Tambourmajor findet durch das offene Fenster statt, und Marie schlägt es wegen Margareths Andeutungen verärgert zu, statt sich gegen sie zu verteidigen. Diese Reaktion könnte als unbewußte Abwehr ihrer drängenden Begierde verstanden werden. Wenig später klopft Woyzeck an das Fenster, kann aber aus Zeitmangel nicht ins Zimmer kommen. Indem auch der Kontakt mit Woyzeck durch dieses Fenster stattfindet, wird dramatisch bereits vom jetzigen Liebhaber auf den zukünftigen vorausgedeutet.

Auch in Szene 11 spielt das Fenster noch einmal eine Rolle. Diesmal steht Woyzeck draußen und beobachtet durchs Fenster Maries Tanz mit dem Tambourmajor im Wirtshaus, wodurch dramatisch sein Ausgeschlossensein und seine Außenseiterposition akzentuiert wird.

Woyzeck ist der Unmenschlichkeit und dem Unverständnis der sozial höherstehenden Figuren hilflos ausgeliefert. Stößt er bei Personen seines direkten gesellschaftlichen Umfelds, die sich in derselben materiellen Lage und sozialen Abhängigkeit befinden, auf mehr Verständnis?

Bereits in der Eingangsszene dieser Fassung, in der Andres und Woyzeck auf einem Feld Stöcke schneiden, fühlt sich Woyzeck verfolgt („Es geht hinter mir, unter mir"; „Ein Feuer fährt um den Himmel", S. 4). Die Heftigkeit dieser Angstvisionen, die ihn bedrängen, spiegelt sich einmal in seinen abrupten Bewegungen im Wechsel mit plötzlichem Erstarren (vgl. Regieanweisungen) und zum anderen in den Verben der Aufwärts- und Abwärtsbewegung, die sein Gefühl des Verfolgtseins dynamisieren. Sein Kamerad Andres läßt sich von Woyzecks Angst anstecken, obwohl er dessen Visionen nicht nachvollziehen kann („hörst du's noch?", S. 4). Er steht dem ganzen Geschehen hilflos gegenüber, bleibt aber durchaus realitätsverbunden, wie seine Reaktion auf die Trommeln (vermutlich des Zapfenstreichs) zeigt.

Noch unter diesem Eindruck stehend, kommt Woyzeck in Szene 2 zu Marie, um die Löhnung abzugeben. Er erzählt ihr „geheimnisvoll" von seinen Visionen und dem Gefühl, verfolgt zu werden. Sie versteht ihn aber nicht und reagiert hilflos mit appellierenden Ausrufen: „Mann!"; „Franz!". Ihre Sorge und Angst zeigt sie ihm gegenüber nicht: „Der Mann! So vergeistert. Er hat sein Kind nicht angesehen. Er schnappt noch über mit den Gedanken." Aus Woyzecks Sicht bringt ihm Marie auch in Szene 7 kein Verständnis entgegen, da sie seinen – relativ direkten – Betrugsvorwurf abstreitet und ihn als Fieberwahn hinstellt („Du bist hirnwüthig Franz"; „Franz, du reds't im Fieber").

Obwohl sie ihn sehr gut versteht, zeigt sie ihm dies nicht.

In Szene 10 läßt Woyzecks rasende Eifersucht ihm keine Ruhe und er will zu den Tanzenden ins Wirtshaus. Andres aber erklärt ihn zum Narren, ohne die Bedeutung Maries für Woyzecks Leben zu begreifen: „Mit dem Mensch." Die Wirtshausszene (11) mit dem Anblick des eng umschlungenen Liebespaars zeigt Woyzeck dann das ganze Ausmaß seiner Qual, die in den folgenden beiden Szenen wieder zu Visionen und Hören von Stimmen führt. In seiner Bedrängnis rüttelt Woyzeck Andres nachts aus dem Schlaf, aber dieser macht keinen Versuch, ihm zu helfen, sondern schläft wieder ein. Auch bei einer weiteren Störung zeigt er kein Mitgefühl oder Verständnis sondern erklärt, wie Marie, ihn für fieberkrank.

Woyzeck fühlt sich somit von der äußeren Natur verfolgt und von seiner inneren Natur gequält; er ist eifersüchtig, verzweifelt und im Lebensnerv getroffen. Andres und Marie (abgesehen von Szene 7) verstehen Woyzeck nicht; er erfährt darüber hinaus weder Mitgefühl noch Anteilnahme und muß sich menschlich völlig isoliert fühlen. Diese Einsamkeit Woyzecks spiegelt die Geschichte wider, die die Großmutter in Szene 19 Marie und den Kindern erzählt. Sie basiert auf zwei Grimmschen Märchen. Die Grundsituation des verwaisten Kindes, das aus Not in die Welt hinauszieht, geht auf *Die Sterntaler* zurück. Die negativen Erlebnisse auf Sonne, Mond und Sternen ähneln zum Teil denen des Mädchens im Märchen *Die sieben Raben*, das seine sieben Brüder erlösen will und dabei die fürs Märchen typischen drei Stationen durchläuft. Sind bei „Sterntaler" nur die Eltern des Kindes gestorben und zwingt die Armut das Kind zu seiner Wanderung auf der Erde, so sind im Büchner-„Märchen" alle Menschen tot, und es ist die Einsamkeit auf der Erde, die das Kind zu seiner Reise in den Himmel treibt. Dem Vertrauen auf Gott und der christlichen Nächstenliebe, denen das gute Ende des Grimmschen Märchens zu verdanken ist, hat die Geschichte der Großmutter nichts entgegenzusetzen. Weder im zwischenmenschlichen Bereich noch im metaphysischen Bereich erfährt der Mensch tröstenden Beistand, sondern ist völlig auf sich allein gestellt. Der Wechsel in die Zeit der Gegenwart am Schluß („und da sitzt es noch und ist ganz allein") unterstreicht die Trostlosigkeit der Situation und läßt keine Hoffnung auf Änderung. Da die Geschichte der Großmutter zwar viele Märchenelemente enthält, aber nicht die typische Wendung zum Guten aufweist, ist sie als „Anti-Märchen", „Unmärchen" und „parodistisches Märchen" bezeichnet worden. Vom dramatischen Handlungskontext her verweist das „Märchen" durch das Todesmotiv (noch akzentuiert durch die zweimalige Wiederholung des Wortmotivs „Alles todt") auf Maries Schicksal in der nächsten Szene bzw. auf die Einsamkeit ihres Kindes nach ihrer Ermordung. Darüber hinaus hat die Geschichte jedoch die szenenverbindende Funktion des Integrationspunkts, in dem ein latenter Sinnzusammenhang der Handlung abstrahierend vermittelt wird. Diese strukturelle Funktion wird noch dadurch betont, daß die Geschichte von einer Figur erzählt wird, die sonst im Drama keine Rolle spielt.

Unterrichtsschwerpunkte

– Woyzecks Lage gegenüber den sozial höherstehenden Figuren Hauptmann, Doctor, Tambourmajor: Abhängigkeit, Machtlosigkeit, Ertragen von Demütigungen und Unmenschlichkeit
– Woyzecks zwischenmenschliche Kommunikationssituation in bezug auf ihm sozial gleichgestellte Figuren (Marie, Andres): Unverständnis u. Einsamkeit.
– Integrationspunkt als szenenverbindende Technik des offenen Dramas: Das „Märchen" der Großmutter als Spiegel von Woyzecks Einsamkeit

Unterrichtsverlauf

Phase 1:
Woyzecks Machtlosigkeit gegenüber sozial höherstehenden Figuren

Zunächst wird in einem Unterrichtsgespräch, das die Hausaufgabe (Szene 9) auswertet, die existentielle Bedeutung von Maries Untreue für Woyzeck aufgezeigt, da Marie dessen ganzen Lebensinhalt darstellt. Gleichzeitig wird das unmenschliche Verhalten der sozial höherstehenden Figuren, Hauptmann und Doctor, festgehalten, die in fast sadistisch zu nennender Weise mit Woyzecks Gefühlen spielen. Bei der Besprechung der Hausaufgabe könnte der Lehrer auf die an sich unlogische Reihenfolge der Szenen 7 und 9 in den Handschriften hinweisen, falls dies den Schülern nicht selbst auffällt. Woyzeck zeigt nämlich bereits in Szene 7 mit seiner krassen Eifersuchtsreaktion, daß er offensichtlich von Maries Verhältnis weiß; sein tiefes Entsetzen in Szene 9 spricht aber für seine bisherige Unkenntnis der Situation.

In arbeitsteiliger Partnerarbeit soll anschließend geklärt werden, worin sich der Tambourmajor und Woyzeck unterscheiden, in welchen Bereichen Woyzeck ihm unterlegen ist und welcher Zusammenhang zwischen der jeweiligen sozialen Stellung und der materiellen, physischen und psychischen Lebenssituation besteht. Der eine Partner beschäftigt sich mit der Figur des Tambourmajors (Szenen 2, 4, 6, 14), der andere mit Woyzeck (Szenen 2,

35

4, 14, 18). Bei der Auswertung des Arbeitsauftrags wird die unterschiedliche soziale Stellung beider Figuren (Unteroffizier/einfacher Soldat) und deren Folgen nacheinander besprochen und jeweils direkt im Tafelanschrieb (s. Stundenblatt) festgehalten. Der Zusammenhang zwischen sozialer Stellung der Figuren und ihrer Lebenssituation wird im Tafelanschrieb optisch mit Pfeilen verdeutlicht. Als Zusammenfassung ist ebenfalls an der Tafel festzuhalten, daß Woyzeck dem Tambourmajor sozial und als Folge auch materiell, physisch und psychisch unterlegen ist. Die nun folgende Lehrerfrage, was Marie am Tambourmajor beeindruckt und warum sie Woyzeck betrügt, ist dann aufgrund der bearbeiteten Szenen und der bisher besprochenen Ergebnisse leicht zu beantworten.

In einem zusammenfassenden Unterrichtsgespräch über die Lage Woyzecks gegenüber den drei sozial höherstehenden Figuren ergibt sich als Fazit seine Abhängigkeit und Machtlosigkeit sowie die Unmenschlichkeit und die Demütigungen, die er ertragen muß.

Phase 2:
Woyzecks Isolation im Verhältnis zu den sozial gleichgestellten Figuren

Der folgende Arbeitsauftrag beschäftigt sich mit den Gefühlen Woyzecks und der Frage, ob Andres und Marie Verständnis dafür haben bzw. (aus Woyzecks Sicht) zeigen. Ferner soll untersucht werden, wie beide Figuren diese Gefühle erklären. Auch hier bietet sich eine arbeitsteilige Partnerarbeit an, wobei der eine Schüler sich auf die Andres-Szenen (1, 10, 11 [Zeile 13–25], 13), der andere auf die Marie-Szenen 2 und 7 konzentriert. Die zu bearbeitende Fragestellung ist von beiden Partnern jeweils nur aus ihren Szenen zu beantworten. Diese Phase sollte relativ

wenig Zeit in Anspruch nehmen, da die Szenen kurz sind und inhaltlich bereits allen Schülern bzw. einem Teil der Schüler aus der vorangegangenen und der jetzigen Stunde bekannt sind.

Die mündliche Auswertung der Szenenanalyse ergibt, daß keine der Woyzeck beherrschenden Emotionen, nämlich Verfolgungsangst bzw. Eifersuchtsgefühle, verstanden wird (Andres) bzw. verstanden werden will (Marie). Beide Figuren erklären seinen Gefühlszustand mit Fieberphantasien einer Krankheit.

Die Zusammenfassung von Woyzecks zwischenmenschlicher Situation, die sich als einsam, unverstanden, isoliert darstellt, schließt diesen zweiten Teil der Stunde ab.

Phase 3:
Das „Märchen" der Großmutter als Spiegel von Woyzecks Einsamkeit

Den Abschluß der Stunde bildet die Behandlung des „Märchens" in Szene 19. Nach Austeilen des Sterntaler-Märchens (abgedruckt auf S. 37) und der Leitfrage nach bestehenden Unterschieden und der Funktion der Großmutter-Geschichte werden beide Texte laut gelesen und in Einzelarbeit bearbeitet. Da die Unterschiede einfach festzustellen sind, wird dies nur wenig Zeit in Anspruch nehmen. Das Ergebnis bezüglich der jeweiligen Ausgangssituation, der Werte, des Endes, der Erzählzeit sowie der Funktion wird mündlich zusammengetragen (siehe Stundenblatt). Nach der Funktionserläuterung der Geschichte im Stück (Zusammenfassung von Woyzecks innerer, subjektiv empfundener Situation der völligen Einsamkeit und Verlassenheit) muß der Lehrer unbedingt den Begriff „Integrationspunkt" einführen und als viertes szenenverbindendes Mittel des offenen Dramas definieren (abstrahierende Darstellung ei-

36

Die Sterntaler

Es war einmal ein kleines Mädchen, dem war Vater und Mutter gestorben, und es war so arm, daß es kein Kämmerchen mehr hatte, darin zu wohnen, und kein Bettchen mehr, darin zu schlafen, und endlich gar nichts mehr als die Kleider auf dem Leib und ein Stückchen Brot in der Hand, das ihm ein
5 mitleidiges Herz geschenkt hatte. Es war aber gut und fromm. Und weil es so von aller Welt verlassen war, ging es im Vertrauen auf den lieben Gott hinaus ins Feld. Da begegnete ihm ein armer Mann, der sprach: „Ach, gib mir etwas zu essen, ich bin so hungrig." Es reichte ihm das ganze Stückchen Brot und sagte: „Gott segne dir's", und ging weiter. Da kam ein Kind, das jammerte
10 und sprach: „Es friert mich so an meinem Kopfe, schenk mir etwas, womit ich ihn bedecken kann." Da tat es seine Mütze ab und gab sie ihm. Und als es noch eine Weile gegangen war, kam wieder ein Kind und hatte kein Leibchen an und fror: da gab es ihm seins: und noch weiter, da bat eins um ein Röcklein, das gab es auch von sich hin. Endlich gelangte es in einen Wald, und es war
15 schon dunkel geworden: da kam noch eins und bat um ein Hemdlein, und das fromme Mädchen dachte: Es ist dunkle Nacht, da sieht dich niemand, du kannst wohl dein Hemd weggeben, und zog das Hemd ab und gab es auch noch hin. Und wie es so stand und gar nichts mehr hatte, fielen auf einmal die Sterne vom Himmel und waren lauter harte blanke Taler. Und ob es gleich
20 sein Hemdlein weggegeben, so hatte es ein neues an, und das war vom allerfeinsten Linnen. Da sammelte es sich die Taler hinein und war reich für sein Lebtag.

aus: *Märchen der Brüder Grimm.* München 1937. S. 325f.

nes latenten Sinnzusammenhangs der Handlung). Es ist anschließend in das in der 3./4. Stunde ausgeteilte Arbeitsblatt „Merkmale des offenen und geschlossenen Dramas" in der ersten Querspalte rechts unter Punkt 2.4 einzutragen. Als Abschluß dieser Unterrichtsphase fragt der Lehrer noch danach, ob man die Geschichte der Großmutter als ein Märchen bezeichnen könne. Bei der Beantwortung müssen einerseits die vorhandenen Märchenelemente, andererseits die trostlose Grundstimmung des Verlaufs und das fehlende versöhnliche Ende angesprochen werden. Den Begriff „Anti-Märchen" kann der Lehrer nennen; es genügt aber auch diese inhaltliche Beschreibung des Sachverhalts.

Phase 4:
Woyzecks Gegenspieler (fakultativ)

Falls in der 3./4. Stunde noch keine Einigung über diesen Punkt zu erzielen war, so wird er an dieser Stelle noch einmal mit einer Frage aufgegriffen. Es dürfte den Schülern jetzt nicht mehr schwerfallen zu erkennen, daß alle Personen von Woyzecks Umfeld seine Gegenspieler sind, wenn auch jeder nur in einem kleinen Bereich. Dieses Ergebnis wird abschließend im Arbeitsblatt als Merkmal des offenen Dramas ergänzt.

Hausaufgabe

Die Hausaufgabe auf die folgende Stunde umfaßt zwei Teile. Zum einen soll das

Das Menschenbild Schillers

„Kein Mensch muß müssen", sagt der Jude Nathan[1] zum Derwisch, und dieses Wort ist in einem weiteren Umfange wahr, als man demselben vielleicht einräumen möchte. Der Wille ist der Geschlechtscharakter des Menschen, und die Vernunft selbst ist nur die ewige Regel desselben. Vernünftig
5 handelt die ganze Natur; sein Prärogativ[2] ist bloß, daß er mit Bewußtsein und Willen vernünftig handelt. Alle andere Dinge müssen; der Mensch ist das Wesen, welches will. [. . .]

[1] Hauptfigur in Lessings Drama *Nathan der Weise*
[2] Vorrecht

Friedrich Schiller. „Über das Erhabene". In: Benno v. Wiese (Hrsg.). *Schillers Werke.* Nationalausgabe. Bd. 21: *Philosophische Schriften. Zweiter Teil.* Weimar 1963. S. 38–54; S. 38.

[. . .] Die Freiheit einer äußeren Handlung beruht bloß auf ihrem unmittelbaren Ursprung aus dem Willen der Person; die Sittlichkeit einer innern Handlung bloß auf der unmittelbaren Bestimmung des Willens durch das Gesetz der Vernunft. [. . .]
5 Der sinnliche Trieb aber erkennt kein sittliches Gesetz und will sein Object durch den Willen realisirt haben, was auch die Vernunft dazu sprechen mag. Diese Tendenz unserer Begehrungskraft, dem Willen unmittelbar und ohne alle Rücksicht auf höhere Gesetze zu gebieten, steht mit unserer sittlichen Bestimmung im Streite, und ist der stärkste Gegner, den der Mensch in seinem
10 moralischen Handeln zu bekämpfen hat. Rohen Gemüthern, denen es zugleich an moralischer und an aesthetischer Bildung fehlt, gibt die Begierde unmittelbar das Gesetz, und sie handeln bloß, wie ihren Sinnen gelüstet. [. . .]
Eben so, wie der Wahnsinnige, der seinen nahenden Paroxysmus[1] ahnet, alle Messer entfernt und sich freiwillig den Banden darbietet, um für die Verbre-
15 chen seines zerstörten Gehirnes nicht im gesunden Zustand verantwortlich zu seyn – eben so sind auch wir verpflichtet, uns durch Religion und durch ästhetische Gesetze zu binden, damit unsre Leidenschaft in den Perioden ihrer Herrschaft nicht die physische Ordnung verletze. [. . .]

[1]Anfall

Friedrich Schiller. „Über den moralischen Nutzen aesthetischer Sitten". In: ibd., S. 28–37; S. 29; S. 36.

Arbeitsaufträge:

A) 1. In welchem Wirkungszusammenhang stehen sinnliche Triebe (Körper) und Geist, und welches sind die dabei vorausgesetzten Bedingungen?
2. Wer bestimmt das Handeln eines Individuums?
3. Welcher Weltanschauung ist dieses Menschenbild geistesgeschichtlich zuzuordnen?

Das Menschenbild des Doctors

Arbeitsgrundlage:
Szene 8

Arbeitsaufträge:

B) 1. Welche Kritik übt der Doctor an Woyzeck?
2. Welches Menschenbild wird in seiner Kritik erkennbar?
3. Sind Gemeinsamkeiten mit Schillers Menschenbild vorhanden?

Menschenbild des Idealismus geklärt werden, das durch zwei kurze Schiller-Texte vermittelt wird (s. Arbeitsblatt auf S. 38). Allerdings wird zunächst nur von „Schillers Menschenbild" gesprochen, da die Schüler selbst den geistesgeschichtlichen Begriff erkennen sollen. Als Hilfe werden drei Leitfragen gestellt, die schriftlich zu beantworten sind:

A) 1. In welchem Wirkungszusammenhang stehen sinnliche Triebe (Körper) und Geist, und welches sind die dabei vorausgesetzten Bedingungen?
2. Wer bestimmt das Handeln eines Individuums?
3. Welcher Weltanschauung ist dieses Menschenbild geistesgeschichtlich zuzuordnen?

Im zweiten Teil der Hausaufgabe ist das Menschenbild des Doctors anhand der Szene 8 zu bestimmen. Da diese Szene sprachlich nicht einfach zu verstehen ist, sollten den Schülern Worterklärungen an die Hand gegeben werden, wie sie etwa in den bereits erwähnten *Reclam-Erläuterungen* enthalten sind. Auch hier sind drei Fragen schriftlich zu beantworten:

B) 1. Welche Kritik übt der Doctor an Woyzeck?
2. Welches Menschenbild wird in seiner Kritik erkennbar?
3. Sind Gemeinsamkeiten mit Schillers Menschenbild vorhanden?

7./8. Stunde:
Kritik am idealistischen Menschenbild in der Darstellung von Doctor und Hauptmann

Sachanalyse

Der Idealismus war auch noch zu Büchners Zeit die herrschende gesellschaftliche Ideologie (vgl. 11./12. Stunde). Büchner selbst empfand ihn als menschenverachtend und weltfremd und sah als dessen Hauptvertreter Schiller, den er deshalb heftig attackierte. Allerdings tat er dem Dichter mit dieser radikalen Ablehnung insofern unrecht, als Büchner nicht mehr den kritischen, aufklärerischen Idealismus des 18. Jahrhunderts kannte, sondern den reaktionär geprägten der Metternichschen Restaurationszeit, der zur Stütze der bestehenden Macht- und Besitzverhältnisse wurde (A. Glück, 1985, S. 94 und 104).

Auch in seinem letzten Werk bringt Büchner seine Kritik durch die Darstellung der Figuren Doctor und Hauptmann zum Ausdruck, die das idealistische Menschenbild vertreten. Es ist geprägt von der Idee der autonomen Selbstbestimmung des Menschen. Das Bewußtsein – der Wille, geleitet durch die Vernunft – beherrsche Gefühle und körperliche Bedürfnisse, einschließlich des Sexualtriebs. Ein gesellschaftlich und kirchlich akzeptiertes

Ethik-Verständnis erweist sich dabei als Orientierungsrahmen.

Der Doctor zeigt sich in Szene 8 äußerst erbost, daß Woyzeck „der Natur" freien Lauf gelassen hat, da er doch wissenschaftlich bewiesen hat, daß der Blasenschließmuskel dem Willen unterworfen ist. Er vertritt die Überzeugung: „Woyzeck, der Mensch ist frei, in dem Menschen verklärt sich die Individualität zur Freiheit." (S. 12). Diese hehre Meinung vom Menschen wird in der Szene allerdings als hohle Phrase entlarvt, als bloße Wiederholung herrschender Ideen. Seine wahre Überzeugung bringt erst sein angestauter Ärger zum Vorschein: „Behüte wer wird sich über einen Menschen ärgern, ein Menschen!" (S. 13).

Aufgrund seines Wissens bzw. seiner materiellen Stellung fühlt sich der Doctor Woyzeck derart überlegen, daß er ihm höchst arrogant und unmenschlich begegnet. Er behandelt Woyzeck keineswegs mit menschlicher Achtung, sondern als wissenschaftliches Untersuchungs- und Demonstrationsobjekt, das für ihn nur zweckgebunden einen Wert hat. Das zeigt nicht nur sein fehlendes Verständnis für menschliche Schwächen, sondern auch seine Reaktion auf Woyzecks Angstvisionen, die dieser ihm anvertraut. Dieser seiner Meinung nach pathologische Befund begeistert ihn dermaßen, daß er sogar seine Vorwürfe wegen Woyzecks „Vertragsbruch" vergißt. Auch in Szene 9 hatten ihn nur die physischen Symptome von Woyzecks Verzweiflung wegen Maries Untreue interessiert (siehe 5./6. Stunde). Sein eigenes Verhalten zeigt, daß er selbst keineswegs die Forderungen des idealistischen Menschenbilds erfüllt. Obwohl er beschließt, sich nicht zu ärgern, zeigen sowohl seine ständigen verbalen Wiederholungen als auch seine Körpersprache („Schüttelt den Kopf, legt die Hände auf den Rücken und geht auf und ab", „mit

Affect", „Tritt auf ihn los") deutlich, wie wenig er sich selbst beherrschen kann, bzw. wie theoretisch und unmenschlich dieser Anspruch überhaupt ist.

Das einzige Ziel und Interesse des Doktors ist es, mit seinen Untersuchungsergebnissen die Wissenschaft zu revolutionieren. Dafür ist er auf Woyzecks „Mitarbeit" angewiesen, die er sich durch Überlegenheitsdemonstrationen auf allen Gebieten sichern will. Er versucht ihn auf der ideologisch-ethischen Ebene („der Mensch ist frei", „Ein Mann von Wort", „Die Welt wird schlecht"), auf der medizinisch-wissenschaftlichen Ebene („Hab' ich nicht nachgewiesen, daß der musculus constrictor vesicae dem Willen unterworfen ist", „Er philosophirt wieder", „Er hat eine aberratio") und der materiell-rechtlichen Ebene („Und doch zwei Groschen täglich", „Ich hab's schriftlich") zu bedrängen und zu knebeln. Alle diese Argumente dienen nur der Legitimation und der Durchsetzung seiner eigenen Interessen und damit seiner eigenen gesellschaftlichen Macht.

Auch der Hauptmann vertritt das idealistische Menschenbild und fordert die Beherrschung des Sexualtriebs durch den sittlichen Willen im Sinne einer gesellschaftlich akzeptierten, kirchlich-religiösen Moral (Szene 5). Was er sich selbst an Unterdrückung abverlangt, verlangt er auch von Woyzeck und wirft ihm daher sein uneheliches Kind vor. Er versteckt sich allerdings gleich wieder hinter der Aussage des offiziellen Vertreters der Kirche („es ist nicht von mir") und kommt völlig aus der Fassung, als Woyzeck der offiziellen Kirchenmoral mit basis-christlichen Ideen aus der Bibel entgegnet („Er macht mich ganz confus"). Sein eigener Triebverzicht hat etwas Gewalttätiges, wie bereits Szene 9 zeigte, wo er sich an Woyzecks seelischen Qualen weidete, obwohl er angeblich nur dessen „Bestes" wollte.

Der Hauptmann ist von seiner im idealistischen Sinne moralischen und intellektuellen Überlegenheit gegenüber Woyzeck fest überzeugt und läßt ihn dies deutlich spüren.

Seine Oberflächlichkeit aber zeigt sich in der Tatsache, daß sein Ringen um Tugend dazu dient, seine Zeit auszufüllen und damit sein Gefühl der Leere zu bekämpfen. Die Tautologie „Moral das ist wenn man moralisch ist", die unlogische widersinnige Verknüpfung von Zeit und Moral („Er sieht immer so verhetzt aus. Ein guter Mensch thut das nicht") und Widersprüche („Er ist ein guter Mensch [...] aber [...] Er hat keine Moral!") zeigen die Hohlheit seines Wertanspruchs. Seine pseudo-philosophischen Ergüsse („ewig das ist ewig, das ist ewig [...] nun ist es aber wieder nicht ewig [...] es schaudert mich, wenn ich denk, daß sich die Welt in einem Tag herumdreht [...]") erweisen ihn als schalen Schwätzer.

Gehen Hauptmann und Doctor von der idealistischen Grundidee der freien Selbstbestimmung des Menschen aus, so schließt Woyzeck diese Möglichkeit für sein Leben aus. Er fühlt sich vielmehr von der Natur bestimmt, seinen instinktiven körperlichen Bedürfnissen als Objekt ausgeliefert. Mit diesem Umstand entschuldigt er gegenüber dem Doctor sein „vertragsbrüchiges" Verhalten („Aber Herr Doctor, wenn einem die Natur kommt." [Szene 8]) sowie gegenüber dem Hauptmann sein „unmoralisches" Verhalten:

Sehn Sie, wir gemeine Leut, das hat keine Tugend, es kommt einem nur so die Natur, aber wenn ich ein Herr wär und hätt ein Hut und eine Uhr und eine anglaise und könnt vornehm reden, ich wollt schon tugendhaft seyn. Es muß was Schöns seyn um die Tugend, Herr Hauptmann. Aber ich bin ein armer Kerl. (Szene 5)

Woyzeck nennt damit die Voraussetzungen, unter denen die idealistischen Wertvorstellungen verwirklicht werden können: Geld, und somit Zeit ohne Existenzdruck, und Bildung („und könnt vornehm reden"). Sie treffen nur auf die sozial gehobenen Schichten zu; die Werte sind somit schichtenspezifisch. Das zeigt das Beispiel des Hauptmanns, der Muße hat, der Tugend aus Langeweile zu frönen. Für Woyzeck wie für die anderen Menschen der armen, ungebildeten Unterschicht ist ihre Einhaltung nicht möglich. Ihr Los ist unermüdliche Arbeit („Ich glaub' wenn wir in Himmel kämen so müßten wir donnern helfen") und Armut; von freier Selbstbestimmung kann keine Rede sein. Woyzeck, von Visionen verfolgt, aus Geldnot überarbeitet und gehetzt, erkennt klar, daß sich nur die gehobenen Schichten den Luxus des idealistischen Menschenbildes leisten können. Für die Unterschicht bestimmt daher nicht das Bewußtsein, der vernunftgeleitete Wille, den Körper, sondern der Körper, die materielle Existenz, das Bewußtsein. Damit wird der idealistischen Sicht eine materialistische entgegengestellt.

Dies spiegelt Büchners Sicht wider, wie der Brief an die Familie aus Gießen im Februar 1834 zeigt (abgedruckt auf S. 44). Darin wird betont, daß die gesellschaftlichen Umstände den Menschen formen, wobei auch Dummheit auf fehlende Bildungsmöglichkeiten zurückgeführt wird. Büchners ganzer Haß gilt den Menschen, die glauben, aufgrund sozialer Privilegien, wie Bildung, andere aus der Unterschicht verachten zu können.

Obwohl das idealistische Menschenbild nur eine schichtenspezifische Gültigkeit hat, postulieren Hauptmann und Doctor einen Anspruch für die ganze Gesellschaft. Darin zeigt sich die Unmenschlichkeit, Arroganz und Weltfremdheit der gehobenen Schichten. Da aber der Unterschicht die grundsätzlichen Voraussetzungen für eine Verwirklichung fehlen, werden die idealistischen Forderungen zum gesellschaftlichen Machtinstrument. Indem Woyzeck die schichtenspezifische Gebundenheit der Werte erfaßt und damit ein materialistisches Menschenbild vertritt, beweist er klar seine Fähigkeit einer differenzierten Realitätsbetrachtung. Sein Erkennen der eingeschränkten Gültigkeit der idealistischen Wertvorstellungen bedeutet aber nicht, daß er sie grundsätzlich ablehnt („ich wollt schon tugendhaft seyn"). Er lehnt sich auch nicht gegen die von ihm verlangte (unmögliche) Einhaltung der Werte auf, sondern schickt sich in sein Los („Unseins ist doch einmal unseelig in der und der andern Welt"). Das zeigt auch auf subtile Weise die dramatische Situation der Szene 5, in der Woyzeck den Hauptmann rasiert und somit das Messer an dessen Gurgel hat, sich aber trotzdem als dumm verspotten und Vorhaltungen wegen seiner „Unmoral" machen läßt; gleichzeitig wird dadurch die latente Spannung zwischen beiden Gesellschaftsschichten vermittelt, die sich potentiell entladen könnte. Woyzeck aber nimmt seine Lage als Schicksal hin und hat kein gesellschaftsänderndes Bewußtsein. In dieser Figurenzeichnung könnte Büchners Auffassung einen Niederschlag gefunden haben, daß eine Gesellschaftsreform von unten kommen müsse, aber die Masse in Deutschland noch nicht dafür reif sei (siehe 9./10. Stunde).

Unterrichtsschwerpunkte

– Büchners Kritik am Idealismus und seinem falschen Allgemeingültigkeitsanspruch in der Darstellung des Menschbilds von Doctor und Hauptmann
– Büchners materialistische Sicht in der historischen Realität und im Stück in der Darstellung von Woyzeck und dessen schichtenspezifischem Menschenbild

Unterrichtsverlauf

Phase 1:
Das idealistische Menschenbild Schillers

Am Anfang der Doppelstunde erfolgt die Besprechung der Hausaufgabe, die sich anhand zweier Textauszüge aus Schillers Schriften mit dessen Menschenbild beschäftigte. Der Wirkungszusammenhang zwischen Geist und Körper und die dabei vorausgesetzten Bedingungen werden zunächst mündlich besprochen und dann als Tafelanschrieb wie folgt festgehalten. Bei dem auf zwei Längsspalten angelegten Tafelbild (siehe Stundenblatt S. 6) wird zunächst die linke ausgefüllt, beginnend mit der Überschrift (Schillers Menschenbild), zunächst noch ohne die Ergänzung in Klammer, für die aber Platz bleiben muß. Die nächste (zweite) Querspalte nach der Überschrift bleibt ebenfalls zunächst leer. Die Schüler müssen angewiesen werden, diese Einteilung (mit den „Leerstellen") zu übernehmen. Der Lehrer könnte aber auch ein bereits vorstrukturiertes Arbeitsblatt austeilen. Die dritte linke Querspalte nimmt die Schillerschen Bedingungen auf. In der vierten linken Querspalte wird das besprochene Ergebnis eingetragen. Die beiden anderen Fragen der Hausaufgabe [A) 2., 3.] werden ebenfalls beantwortet (Selbstbestimmung des Menschen = Idealismus) und als Fazit in die unterste linke Querspalte geschrieben. Falls die Schüler diesen geistesgeschichtlichen Begriff nicht kennen, so muß ihn der Lehrer ergänzen. Der Lehrer muß ferner unbedingt darauf hinweisen, daß dieses idealistische Menschenbild zu Büchners Zeit noch vorherrschend war, denn darauf baut Phase 6 auf, in der Büchners Absicht bei der Figurenzeichnung von Hauptmann und Doctor besprochen wird.

Phase 2:
Das Menschenbild des Doctors

Der zweite Teil der Hausaufgabe beschäftigt sich mit dem Menschenbild des Doctors anhand der Szene 8. Dazu wird zunächst dessen Kritik an Woyzeck mündlich genannt. Die Beantwortung der Fragen B) 2., 3. führt zu der Erkenntnis, daß eine große Übereinstimmung zwischen Schillers idealistischem Menschenbild und dem des Doctors festzustellen ist. Dies wird im Tafelanschrieb unter der Hauptüberschrift links in Klammern eingetragen.

Phase 3:
Das Menschenbild von Hauptmann und Woyzeck

Nachdem festgestellt wurde, daß das Menschenbild des Doctors weithin mit dem Schillers übereinstimmt, wird nun in Partnerarbeit das Menschenbild des Hauptmanns (Szene 5) und Woyzecks (Szene 5 und 8) erarbeitet. Dabei soll auch herausgefunden werden, unter welchen gesellschaftlichen Existenzbedingungen das Menschenbild des Hauptmanns gültig ist.

Bei der Auswertung wird die Kritik des Hauptmanns an Woyzeck (hetzt zuviel, keine Moral) nur mündlich aufgezeigt, während im Tafelanschrieb ergänzt wird, daß auch zwischen dem Menschenbild Schillers und dem des Hauptmanns eine weitgehende Übereinstimmung besteht (in der Klammer unter der Hauptüberschrift links). Als nächstes werden die gesellschaftlichen Existenzbedingungen, unter denen dieses Menschenbild nur gültig ist (Geld/hohe soziale Stellung), im Tafelanschrieb ergänzt. Nach der Besprechung der letzten Arbeitsanweisung, die nach Woyzecks Menschenbild fragte, werden die Existenzbedingungen der Unterschicht und das für sie gültige Menschen-

bild im Tafelanschrieb ergänzt (vgl. Stundenblatt). Zum Abschluß dieser Phase wird noch im fragend-entwickelnden Verfahren die unterste Querspalte auf der rechten Seite ausgefüllt (Gesellschaft bestimmt Menschen = Materialismus) und der Gegensatz zwischen Idealismus und Materialismus durch ein Pfeilpaar gekennzeichnet.

Phase 4:
Gültigkeitsanspruch

In dem nun folgenden Unterrichtsgespräch wird fragend-entwickelnd geklärt, wie Woyzeck zu dem vom Hauptmann geforderten idealistischen Wert der Tugend steht. Diese Frage knüpft an die Szene 5 an und führt den gerade bearbeiteten Aspekt (Woyzecks Menschenbild) noch inhaltlich weiter: Woyzeck erkennt den Wert der Tugend grundsätzlich an, sieht sich nur aufgrund seiner schlechten Lebensbedingungen außerstande, ihn zu verwirklichen. Dieser Punkt muß unbedingt angesprochen werden, da er in der folgenden Stunde vorausgesetzt wird. Als nächstes wird danach gefragt, für welche Figuren bzw. Schichten das jeweils festgestellte Menschenbild Gültigkeit beansprucht bzw. hat. Dieser Aspekt war eigentlich implizit im Tafelbild der Stunde bereits enthalten und wird mit dieser Frage explizit angesprochen und zusammengefaßt. Dabei erweist sich der Allgemeingültigkeitsanspruch des idealistischen Menschenbilds des Doctors und Hauptmanns als falsch, während das nur für die Unterschicht Geltung beanspruchende Menschenbild Woyzecks auch tatsächlich schichtenspezifisch ist; die erkannte gesellschaftliche Bestimmung des Menschen ist aber allgemeingültig, so daß das idealistische Menschenbild indirekt miterfaßt wird. Mit der letzten Frage dieser Phase soll die Situation Woyzecks angesichts des

Gültigkeitsanspruchs des idealistischen Menschenbilds als herrschender Ideologie zusammengefaßt werden.

Phase 5:
Büchners Menschenbild

Waren die bisherigen Fragestellungen der Stunde unmittelbar auf das Stück gerichtet, so beschäftigt sich diese Phase mit Büchners Menschenbild, das die Schüler anhand eines seiner Briefe (abgedruckt auf S. 44) in Einzelarbeit feststellen sollen. Dabei soll auch herausgefunden werden, welchen Menschen Büchners Haß gilt und warum. Aufgrund der bisher in der Stunde erarbeiteten Ergebnisse bereitet

---

Georg Büchner

An die Familie

Gießen, im Februar 1834.

[...] *Ich verachte Niemanden,* am wenigsten wegen seines Verstandes oder seiner Bildung, weil es in Niemands Gewalt liegt, kein Dummkopf oder kein Verbrecher zu werden, – weil wir durch gleiche Umstände wohl Alle gleich würden, und weil die Umstände außer uns liegen. Der *Verstand* nun gar ist nur
5 eine sehr geringe Seite unsers geistigen Wesens und die Bildung nur eine sehr zufällige Form desselben. Wer mir eine solche Verachtung vorwirft, behauptet, daß ich einen Menschen mit Füßen träte, weil er einen schlechten Rock anhätte. Es heißt dies, eine Roheit, die man Einem im Körperlichen nimmer zutrauen würde, ins Geistige übertragen, wo sie noch gemeiner ist. Ich kann
10 Jemanden einen Dummkopf nennen, ohne ihn deshalb zu *verachten;* [...]
Man nennt mich einen *Spötter.* Es ist wahr, ich lache oft, aber ich lache nicht darüber, *wie* Jemand ein Mensch, sondern nur darüber, *daß* er ein Mensch ist, wofür er ohnehin nichts kann, und lache dabei über mich selbst, der ich sein Schicksal teile. [...]
15 Ich habe freilich noch eine Art von Spott, es ist aber nicht der der Verachtung, sondern der des Hasses. Der Haß ist so gut erlaubt als die Liebe, und ich hege ihn im vollsten Maße gegen die, *welche verachten.* Es ist deren eine große Zahl, die im Besitze einer lächerlichen Äußerlichkeit, die man Bildung, oder eines toten Krams, den man Gelehrsamkeit heißt, die große Masse ihrer
20 Brüder ihrem verachtenden Egoismus opfern. Der Aristokratismus[1] ist die schändlichste Verachtung des heiligen Geistes im Menschen; gegen ihn kehre ich seine eigenen Waffen; Hochmut gegen Hochmut, Spott gegen Spott. – Ihr würdet euch besser bei meinem Stiefelputzer nach mir umsehn; mein Hochmut und Verachtung Geistesarmer und Ungelehrter fände dort wohl ihr bestes
25 Objekt. Ich bitte, fragt ihn einmal... Die Lächerlichkeit des Herablassens werdet Ihr mir doch wohl nicht zutrauen. Ich hoffe noch immer, daß ich leidenden, gedrückten Gestalten mehr mitleidige Blicke zugeworfen, als kalten, vornehmen Herzen bittere Worte gesagt habe. – [...]

[1] elitäres Denken und Verhalten

aus: Karl Pörnbacher et al. (Hrsg.). *Georg Büchner: Werke und Briefe.* München: dtv, 1985⁶, S. 253f.

es den Schülern keine Mühe, Büchners materialistisches Menschenbild zu erkennen; auch sein Haß gegen den verachtenden Bildungsdünkel von sozial Privilegierten ist dem Brief leicht zu entnehmen. Beide Punkte werden bei der Auswertung nur mündlich angesprochen.

Phase 6:
Büchners Intention bei der Figurenzeichnung von Hauptmann und Doctor

Abschließend werden die bisher gewonnenen Erkenntnisse dieser Stunde in einem Unterrichtsgespräch über Büchners Intention bei der Darstellung dieser beiden Figuren zusammengefaßt. Dabei muß als Absicht Büchners die Kritik am idealistischen Menschenbild des Doctors und des Hauptmanns und dessen Allgemeingültigkeitsanspruch ebenso deutlich aufgezeigt werden wie seine Kritik an deren ungerechtfertigtem Überlegenheitsgefühl und ihrer Unmenschlichkeit, die in der letzten Stunde besprochen worden waren. Der Frage implizit ist der Bezug zur historischen Realität, der unbedingt hergestellt werden muß, nämlich Büchners Absicht, durch diese Darstellung den Idealismus als (noch) herrschende Ideologie seiner Zeit zu attackieren. Falls die Schüler diesen Punkt nicht von alleine anschneiden, muß der Lehrer den historischen Bezug erfragen.

9./10. Stunde:
Büchners Gesellschaftssicht

Sachanalyse

In einem Brief an Gutzkow von 1836, abgedruckt auf S. 51, umreißt Büchner prägnant seine gesellschaftliche Grundüberzeugung: „[D]as Verhältnis zwischen Armen und Reichen ist das einzige revolutionäre Element in der Welt [. . .]" (Pörnbacher, 1985, S. 269). Diese Auffassung spiegelt sich auch im *Hessischen Landboten* wider, in dem er zwei Gesellschaftsklassen unterscheidet; die hart arbeitenden Armen und die auf Kosten der Armen lebenden Reichen. Diese Klasseneinteilung nach ökonomischen Kriterien richtete sich nicht mehr nur gegen den Adel, den die liberale Oppositionsbewegung, deren Kern das Bürgertum stellte, im Deutschland der Metternichschen Reaktion bekämpfte. Diese hatte sich gegen das Wiedererstarken des Feudalismus in der Restaurationszeit nach dem Wiener Kongreß 1815 gewehrt und für einen deutschen Nationalstaat mit einer gesetzlichen Verankerung bürgerlicher Rechte gekämpft, so wie diese für die ehemals unter napoleonischer Herrschaft stehenden deutschen Gebiete im „Code Napoléon" formuliert waren. Einer der führenden Köpfe der Opposition in Oberhessen war der Butzbacher Rektor Friedrich Ludwig Weidig (1791–1837), der für den *Hessischen Landboten* mitverantwortlich zeichnete. Da er sich nur von einem Zweckbündnis der verschiedenen anti-feudalistischen Strömungen Erfolg für eine Gesellschaftsreform versprach, mußte er an Büchners ökonomischer Klassendefinition Anstoß nehmen, weil diese sich gegen Teile der bürgerlichen Opposition selbst richtete, nämlich gegen das wohlhabende Bildungs- und Wirtschaftsbürgertum. Indem er den Begriff „Reiche" durch „Vornehme" ersetzte, reduzierte er Büchners – historisch bereits extrem progressive – anti-bürgerliche Stoßrichtung auf die alle oppositionellen Richtungen verbindende anti-feudalistische.
Im *Hessischen Landboten* wird darüber hinaus deutlich, daß Büchner nicht nur materiellen Besitz als soziales Privileg

Georg Büchner

An die Familie

Straßburg, den 5. April 1833.

Heute erhielt ich Euren Brief mit den Erzählungen aus *Frankfurt*. Meine Meinung ist die: Wenn in unserer Zeit etwas helfen soll, so ist es *Gewalt*. Wir wissen, was wir von unseren Fürsten zu erwarten haben. Alles, was sie bewilligten, wurde ihnen durch die Notwendigkeit abgezwungen. Und selbst
5 das Bewilligte wurde uns hingeworfen, wie eine erbettelte Gnade und ein elendes Kinderspielzeug, um dem ewigen Maulaffen *Volk* seine zu eng geschnürte Wickelschnur vergessen zu machen.

Man wirft den jungen Leuten den Gebrauch der Gewalt vor. Sind wir denn aber nicht in einem ewigen Gewaltzustand? Weil wir im Kerker geboren und
10 großgezogen sind, merken wir nicht mehr, daß wir im Loch stecken mit angeschmiedeten Händen und Füßen und einem Knebel im Munde. Was nennt Ihr denn *gesetzlichen Zustand?* *Ein Gesetz*, das die große Masse der Staatsbürger zum fronenden Vieh macht, um die unnatürlichen Bedürfnisse einer unbedeutenden und verdorbenen Minderzahl zu befriedigen? Und dies Ge-
15 setz, unterstützt durch eine rohe Militärgewalt und durch die dumme Pfiffigkeit seiner Agenten, dies Gesetz ist eine *ewige, rohe Gewalt*, angetan dem Recht und der gesunden Vernunft, und ich werde mit *Mund* und *Hand* dagegen kämpfen, wo ich kann. Wenn ich an dem, was geschehen, keinen Teil genommen und an dem, was vielleicht geschieht, *keinen Teil* nehmen werde,
20 so geschieht es weder aus Mißbilligung, noch aus Furcht, sondern nur weil ich im gegenwärtigen Zeitpunkt jede revolutionäre Bewegung als eine vergebliche Unternehmung betrachte und nicht die Verblendung Derer teile, welche in den Deutschen ein zum Kampf für sein Recht bereites Volk sehen.

aus: Karl Pörnbacher et al. (Hrsg.). *Georg Büchner: Werke und Briefe.* München: dtv, 1985[6]. S. 248.

versteht, sondern auch geistigen Besitz, nämlich Bildung und Gelehrtheit. Sein Haß gegen den Bildungsdünkel solcher Privilegierten kommt in dem Brief an die Familie vom Februar 1834 (abgedruckt auf S. 44) klar zum Ausdruck. Für Büchner kann daher eine Revolution nur von unten, vom Volk, ausgehen, nicht aber vom Bürgertum, wie der in dieser Stunde behandelte Brief an Gutzkow verdeutlicht. Büchners Gesellschaftssicht ist ein Konglomerat aus Ideen des französischen Frühsozialismus. Auf dem Antagonismus zwischen den produktiven und nicht-pro-

duktiven, dem Müßiggang frönenden Klassen basierte die Theorie von Claude-Henri de Saint-Simon (1760–1825) und seinen Anhängern. Die Überwindung des Arm--Reich Gegensatzes durch Schaffung gleicher Bildungs- und Arbeitschancen und Auflösung des Privateigentums war das Ziel von François Noël (gen. Gracchus) Babeuf (1764–1797); seine Lehre von der Republik der Gleichen, die Philippe Buonarroti 1828 in einem Buch mit dem Titel „La Conspiration pour l'égalité" zusammenfaßte, beeinflußte die kommunistischen Bewegungen Europas im 19. Jahrhundert. Die Ausbeutung der arbeitenden Klasse durch die Reichen war auch der Grundgedanke des französischen Kommunisten Louis Auguste Blanqui (1805–1881), den er unter anderem in seiner Verteidigungsrede von Angehörigen der „Amis du Peuple", einem radikalen Flügel der Republikaner, im Januar 1832 vor einem Gericht vertrat. Wie stark Büchner von den einzelnen Theorien beeinflußt wurde, ist in der Sekundärliteratur sehr umstritten; es besteht aber Einigkeit darüber, daß sie alle in irgendeiner Weise seine politischen Anschauungen prägten.

Büchner beschreibt präzise den „Ist"-Zustand der Gesellschaft seiner Zeit. Mit den historischen Ursachen der bestehenden Ungleichheit befaßt er sich allerdings ebensowenig wie mit der Staatsform der „neuen" Gesellschaft. Nur über den Weg dorthin liegen globale Aussagen vor; allerdings hält er die Zeit in Deutschland für eine Revolution noch nicht für reif (s. Ausschnitt aus dem Brief an die Familie auf S. 46).

Von der früher vertretenen Fatalismus-These ist die Forschung inzwischen weitgehend wieder abgerückt. Sie ging davon aus, daß sich Büchners revolutionäre Einstellung in seinen letzten Lebensjahren änderte, da er nun das Handeln des Menschen deterministisch bestimmt sah, und basierte hauptsächlich auf einem Brief Büchners an seine Braut (datiert: nach dem 10. März 1834). Die berühmte Kernstelle lautet:

[...] Ich studierte die Geschichte der Revolution. Ich fühlte mich wie zernichtet unter dem gräßlichen Fatalismus der Geschichte. Ich finde in der Menschennatur eine entsetzliche Gleichheit, in den menschlichen Verhältnissen eine unabwendbare Gewalt, Allen und Keinem verliehen. Der Einzelne nur Schaum auf der Welle, die Größe ein bloßer Zufall, die Herrschaft des Genies ein Puppenspiel, ein lächerliches

Ringen gegen ein ehernes Gesetz, es zu erkennen das Höchste, es zu beherrschen unmöglich. Es fällt mir nicht mehr ein, vor den Paradegäulen und Eckstehern der Geschichte mich zu bücken. Ich gewöhnte mein Auge ans Blut. Aber ich bin kein Guillotinenmesser. Das *muß* ist eins von den Verdammungsworten, womit der Mensch getauft worden. Der Ausspruch: es muß ja Ärgernis kommen, aber wehe dem, durch den es kommt, – ist schauderhaft. Was ist das, was in uns lügt, mordet, stiehlt? Ich mag dem Gedanken nicht weiter nachgehen. [...] (K. Pörnbacher, 1985, S. 256)

Dieser Brief bezieht sich aber konkret auf die Geschichte der Französischen Revolution und wurde zudem in einer Zeit geschrieben, in der Büchner von Fieber, Schlaflosigkeit und Depression gequält wurde (s. G. P. Knapp, 1984, S. 42). Heute ist sich die Forschung einig, daß

[...] Büchner zwar seine politische *Tätigkeit* abgebrochen, aber seine *Theorie* nicht geändert hat. In der Ablehnung der älteren These vom bekehrten Revolutionär Büchner besteht heute, so viel ich sehe, Einmütigkeit. Auch die späteren Äußerungen, in denen er eine Revolution für zwecklos erklärt, enthalten fast immer eine zeitliche Beschränkung auf die Gegenwart. [...] (Sengle, 1980, S. 297)

Dafür spricht auch der in dieser Stunde behandelte Brief Büchners, der aus dem letzten Jahr vor seinem Tod stammt (1836).

Büchners Gesellschaftssicht zeigt sich im *Woyzeck* besonders deutlich in der Szene „Buden. Lichter. Volk" (Szene 3). Diese Szene setzt sich in der hier vorliegenden Fassung von Lehmann (1974²) aus Teilen verschiedener Handschriften zusammen. Die Rede des Marktschreiers mit dem Affen vor der Bude und die Vorführung des dressierten Pferdes in deren Innern sind in der ersten Handschrift zwei aufeinanderfolgende Einzelszenen (H 1,1; H 1,2). Die Lehmannsche Fassung übernimmt auch den Szenenbeginn der zweiten Handschrift, nämlich das Lied des alten Mannes, begleitet vom tanzenden Kind (H 2,3); die restliche Szene (H 2,3) besteht vorwiegend aus einer verkürzenden Zusammenfassung der Reden des Marktschreiers vor und in der Bude. Aus dieser Entstehungsstufe kommt noch die Szene H 2,5 hinzu, die das Gespräch zwischen dem Tambourmajor und dem Unteroffizier über die sinnliche Attraktivität von Marie (dort noch Louisel genannt) enthält.

Welche endgültige Form Büchner dieser Szene gegeben hätte, ist nicht zu entscheiden, da in seiner letzten Niederschrift zwar 1½ Seiten für die Szene „Buden. Lichter. Volk" (H 4,3) vorgesehen, aber nicht ausgeführt sind. Die Lehmannsche Szenenfassung hat weite Verbreitung gefunden und befindet sich auch in der 1985 erschienenen Edition von Henri Poschmann, die die Erkenntnisse von Gerhard Schmids kritischer Faksimile-Ausgabe (1981) berücksichtigt.

Eine dramatische Funktion der Jahrmarktszene besteht im Vorwärtstreiben der Marie-Tambourmajor-Handlung. Die Bereitschaft Maries, sich von äußerem Glanz (Quasten, Hosen, Uhr) blenden zu lassen, deutet bereits ihre Verführbarkeit durch den körperlich attraktiven, prachtvoll uniformierten Tambourmajor und dessen Geschenk, die goldenen Ohrringe, voraus. Vor allem dieser Szenenteil weist eine enge metaphorische Verbindung mit dem übrigen Stück („Teufel", „Auge", „feurig Auge", „Brandwein") auf; mit Szene 23 ist sie durch die zweimalige Wiederholung des Wortmotivs „schwarz" besonders eng verbunden.

Auf den Spiel-im-Spiel-Charakter der Szene und damit auf die Modellfunktion verweist das theatrum mundi-Motiv zu Beginn. In den Figuren des alten Mannes und des Kindes wird symbolisch der Kreislauf des Lebens dargestellt, der auch im Lied angesprochen wird, wobei die Rolle, die der arme Mensch in dem Schauspiel der Welt spielt, sich gleich bleibt: „Woyzeck: Arm Mann, alter Mann! Arm Kind! Jung Kind!" (S. 6).

Die Szene gibt ein satirisches Bild der bestehenden historischen Gesellschaft und vermittelt dadurch gleichzeitig Büchners Kritik daran. Die eingangs erläuterte Unterscheidung zweier Gesellschaftsklassen – der reichen und gebildeten Oberschicht, bestehend aus Adel und Bürgertum, und der armen, ungebildeten Unterschicht – taucht hier wieder auf. Die sozialen Unterschiede werden als bloße Äußerlichkeiten bzw. anerzogene Verhaltensweisen entlarvt. So machen standesgemäße Kleider und Statussymbole (Säbel) und das Beherrschen der höfischen Etikette aus dem Affen einen Vertreter des Adels, während das Pferd mit seinem „vernünftigen" Denken das Bürgertum repräsentiert. Der Affe in seinem „natürlichen" Tierverhalten wird dem Soldaten als der untersten Stufe des menschlichen Geschlechts zugeordnet und steht daher für die Unterschicht, das Volk. Das Mittel, durch das aus der „Creatur, wie sie Gott gemacht" etwas Besseres wird, ist „Kunst", „Erziehung", d.h. auf dem Jahrmarkt Dressur; auf das Bild der Gesellschaft übertragen, Zivilisation, gesellschaftliche Erziehung, Bildung, verstanden als soziales Privileg. Aber im Gegensatz zum Tier, das selbst bei der Dressurvorführung stets seiner Natur und damit seinen Trieben verhaftet bleibt, sind die Menschen der Oberschicht den natürlichen menschlichen Bedürfnissen, wie sie das Volk noch empfindet, entfremdet. (Vgl. auch H. Rosshoff 1982, S. 164.) In diesem Zusammenhang sei auf die seit Schmids Faksimile-Ausgabe üblich gewordene Lesart „unverdorbe" statt „unideale" Natur hingewiesen. Indem Büchner sogar die Vernunft als Erziehungsprodukt und damit als erlernbar hinstellt, sie gleichzeitig aber bei fehlendem Einklang mit den natürlichen Bedürfnissen als Selbstentfremdung abwertet, attackiert er auch in dieser Szene den Idealismus.

Auch im ironischen Seitenhieb auf die Teleologie zeigt sich Büchners Gesellschaftskritik: „Sehn Sie die Fortschritte der Civilisation. Alles schreitet fort, ein Pferd, ein Aff, ein Canaillevogel! Der Aff ist schon ein Soldat, s'ist noch nit viel, unterst Stuf von menschliche Geschlecht!" Diese Lehre geht davon aus, daß sich alle Geschöpfe, Handlungen und Ereignisse zielgerichtet auf eine höhere Ordnung hin entwickeln und damit nur Mittel zu einem Zweck sind. (Vgl. dazu auch den Ausschnitt aus Büchners Vorlesung „Über Schädelnerven" im Materialienteil des Klett Editionenhefts, S. 48–50). Damit stellten auch der Baron und der Universitätsprofessor höhere Entwicklungsstufen dar und wären entsprechend positiver zu bewerten. Dies entlarvt aber nicht nur der Kontext der Szene, sondern auch der dramatische Kontext des ganzen Stückes als Ironie.

Auf der konkreten Handlungsebene von *Woyzeck* entspricht dem Pferd in seiner Rolle als „vernünftelnder" Universitätsprofessor der Doctor, dem Affen in seiner Rolle als Baron mit gesellschaftlich anerkannten Umgangsformen entspricht der Hauptmann mit seiner ständigen Forderung nach gesellschaftskonformer, kirchlich akzeptierter Verhaltensweise. Im Naturzustand werden beide Tiere aber mit Woyzeck verglichen. So läßt sich das „natürliche" Verhalten des Pferdes („führt sich ungebührlich auf") als Spiegelung von Woyzecks „natürlichem" Verhalten verstehen, das in Szene 8 den Doctor so in Rage versetzt. Der Affe ist wie Woyzeck einfacher Soldat. Durch diese Darstellung wird betont, daß der höhere Gesellschaftsrang nur auf den Genuß sozialer Privilegien, wie Bildung und Erziehung zu gesellschaftlichen Umgangsformen, zurückzuführen ist, die Muße und Geld voraussetzen.

Die kritische Wertung der höheren Schichten, die in diesem Gesellschaftsmodell vorgenommen wird, bezieht sich somit sowohl auf die Handlung des Stücks als auch auf die historische Gesellschaft von Büchners Zeit. Sie läßt sich auch an dem verwendeten Brief von S. 51 belegen, in dem Büchner die „gebildete und wohlhabende Minorität", die der „großen Klasse", dem Volk, antagonistisch gegenüber steht, und ihre Herrschaftsstrukturen als „abgelebte moderne Gesellschaft" abwertet. Für Büchner kann „die Bildung eines neuen geistigen Lebens" nur aus dem Volk kommen. Eine Reformierung der bestehenden Gesellschaft kann daher nur von unten, nicht aber von oben erfolgen, d. h. konkret historisch nicht von der „gebildeten Klasse", dem Bürgertum.

Unterrichtsschwerpunkte

– Das Gesellschaftsmodell in der Szene 3 „Buden. Lichter. Volk"
– Büchners Ansichten über Gesellschaftsstruktur und Gesellschaftsreform und ihr Niederschlag in der Darstellung von Hauptmann, Doctor und Woyzeck
– Historischer und sozialgeschichtlicher Hintergrund der Zeit (Schülerreferat): Restauration (als Verständnisgrundlage für Büchners politische Aktivitäten) und Pauperismus (Woyzecks Lage als Spiegelung eines Massenschicksals)
– Büchners Biographie, vor allem seine politischen Ansichten und Aktivitäten (Schülerreferat, weitere Einzelheiten s. S. 13f.)

Phase 1:
Büchners Gesellschaftsdarstellung im Stück

Als Einstieg in die Stunde wird zunächst die Szene 3, die im Mittelpunkt der Stunde steht, mit verteilten Rollen gelesen. Da die Szene von der Wortwahl her Schwierigkeiten bietet, müssen im Anschluß Verständnisprobleme geklärt werden. Dann wird in Partnerarbeit das anhand der Tiere dargestellte Gesellschaftsmodell erarbeitet. Dabei soll die soziale Position und Schichtzugehörigkeit des Affen und des Pferdes aufgezeigt werden, die sie jeweils in ihrem natürlichen bzw. dressierten Zustand innehaben. Ferner ist zu untersuchen, wodurch sich die höheren Gesellschaftsschichten von der niederen unterscheiden und welchem Einfluß dies zuzuschreiben ist. Schließlich wird noch nach dem Verhältnis des dressierten Tieres bzw. der Menschen der höheren Schichten zur ursprünglichen Natur ihrer Gattung gefragt. Um Rückfragen zu vermeiden, empfiehlt es sich, die Arbeitsanweisungen den Schülern hektographiert auszuteilen.

Bei der Auswertung des Arbeitsauftrags wird zunächst der linke Teil des Tafelanschriebs entwickelt, der Büchners Gesellschaftssicht in *Woyzeck* wiedergibt (siehe Stundenblatt). Die Ergebnisse des ersten Aspekts bilden das Grundgerüst des Tafelanschriebs: im unteren Teil wird das Tier im Naturzustand als Vertreter der Position des Soldaten und damit des Volks notiert; im oberen Teil wird das dressierte Tier als Darstellung von Baron/Adel bzw. Professor/Bürgertum festgehalten. In einem weiteren Schritt werden die Unterschiede zwischen den höheren Schichten und der niederen Schicht eingetragen (gesellschaftliche Umgangsformen/Kultur/Statussymbole; Vernunft/Gelehrtheit).

Der Einfluß, dem diese Unterschiede zuzuschreiben sind, wird in der bisher freigebliebenen Mitte des Tafelbilds notiert (Erziehung). Abschließend erfolgt die schriftliche Fixierung des letzten Untersuchungsergebnisses: Das Tier bleibt seiner Natur verhaftet; die höheren Schichten sind der menschlichen Natur entfremdet.

Nach Behandlung des Gesellschaftsmodells schließt diese Phase mit einem Gespräch über die Absicht, die Büchner mit Szene 3 verfolgt. Auf der Grundlage der in dieser und den beiden vorangegangenen Stunden erarbeiteten Ergebnisse werden die Schüler leicht die Absicht Büchners erfassen: Kritik zu üben an den höheren Schichten im Stück und in der historischen Realität wegen ihrer Entfremdung von der menschlichen Natur und damit indirekt Kritik an der bestehenden Gesellschaftsstruktur.

Phase 2:
Büchners Gesellschaftssicht

Die Gesellschaftskritik Büchners wird nun mit Hilfe eines seiner Briefe (Arbeitsblatt auf S. 51) in Einzelarbeit noch eingehender untersucht. Die Arbeitsanweisungen fragen nach den von Büchner unterschiedenen sozialen Gruppen und deren Einschätzung im Hinblick auf eine Gesellschaftsreform; ferner soll eine Einordnung von Hauptmann, Doctor und Woyzeck in diese sozialen Gruppen vorgenommen werden. Die bereits im ersten Teil des Tafelbildes aufgezeigte Zweiteilung der Gesellschaft ergibt sich auch hier und ist zusammen mit Büchners Bewertung in einer neuen rechten Spalte des Tafelanschriebs festzuhalten (s. Stundenblatt).

Die kurz mündlich vorzunehmende soziale Einordnung von Hauptmann und Doctor (gebildete und wohlhabende Minorität)

Arbeitsblatt

Georg Büchner

An Gutzkow

Straßburg [1836]

Übrigens, um aufrichtig zu sein, Sie und Ihre Freunde scheinen mir nicht gerade den klügsten Weg gegangen zu sein. Die Gesellschaft mittelst der *Idee,* von der *gebildeten* Klasse aus reformieren? Unmöglich! Unsere Zeit ist rein *materiell,* wären Sie je direkter politisch zu Werk gegangen, so wären Sie bald
5 auf den Punkt gekommen, wo die Reform von selbst aufgehört hätte. Sie werden nie über den Riß zwischen der gebildeten und ungebildeten Gesellschaft hinauskommen.
Ich habe mich überzeugt, die gebildete und wohlhabende Minorität, so viel Konzessionen sie auch von der Gewalt für sich begehrt, wird nie ihr spitzes
10 Verhältnis zur großen Klasse aufgeben wollen. Und die große Klasse selbst? Für die gibt es nur zwei Hebel, materielles Elend und *religiöser Fanatismus.* Jede Partei, welche diese Hebel anzusetzen versteht, wird siegen. Unsre Zeit braucht Eisen und Brot – und dann ein *Kreuz* oder sonst so was. Ich glaube, man muß in sozialen Dingen von einem absoluten *Rechts*grundsatz ausgehen,
15 die Bildung eines neuen geistigen Lebens im *Volk* suchen und die abgelebte moderne Gesellschaft zum Teufel gehen lassen. Zu was soll ein Ding, wie diese, zwischen Himmel und Erde herumlaufen? Das ganze Leben derselben besteht nur in Versuchen, sich die entsetzlichste Langeweile zu vertreiben. Sie mag aussterben, das ist das einzig Neue, was sie noch erleben kann. [...]

aus: Karl Pörnbacher et al. (Hrsg.). *Georg Büchner: Werke und Briefe.* München: dtv, 1985[6]. S. 282.

Arbeitsaufträge:

1. Welche sozialen Gruppen unterscheidet Büchner, und wie schätzt er sie im Hinblick auf eine Gesellschaftsreform ein?

2. Ordnen Sie Hauptmann, Doctor und Woyzeck in die sozialen Gruppen ein.

2. Inwiefern entsprechen Hauptmann, Doctor + Woyzeck der Charakterisierung dieser sozialen Gruppen?

---

sowie von Woyzeck (große Klasse, Volk) leitet zu einem abschließenden Unterrichtsgespräch über, das sich mit der Frage beschäftigt, ob sich Büchners Gesellschaftssicht in der Darstellung dieser drei Dramenfiguren widerspiegelt. Über die Bejahung der Frage im Hinblick auf Hauptmann und Doctor werden die Schüler schnell Einigkeit erzielen; auch wird Übereinstimmung darüber herrschen, daß Woyzecks natürliches Verhalten positiv gezeichnet ist. Als Instrument einer Gesellschaftsreform von unten ist Woyzeck aber nicht dargestellt; er hat kein gesellschaftsveränderndes Bewußtsein, da er prinzipiell die Werte der herrschenden Schicht anerkennt, wie die vorangegangene Stunde gezeigt hat.

Phase 3:
Büchners politische Ansichten

Zwei Schülerreferate informieren nun über Büchners Biographie unter besonderer Berücksichtigung seiner politischen Ansichten und Tätigkeiten sowie über den zeitgeschichtlichen Hintergrund. (Weitere Einzelheiten über die Referatvergabe s. S. 13–14.)

Zum besseren Verständnis von Büchners Leben sollte zunächst das Referat über die Zeit der Restauration und des Vormärz' gehalten werden, das die wichtigsten Entwicklungen zwischen dem Wiener Kongreß im Jahre 1815 und der Revolution von 1848/49 aufzeigt. Da dieser Zeitraum im Geschichtsunterricht meist ausführlich behandelt wurde, genügt an dieser Stelle eine kurze Skizzierung der bedeutendsten Ereignisse. Dabei müssen die Repressionsmaßnahmen und Ziele der Restauration sowie die Vorstellungen und Handlungsmöglichkeiten der liberalen Opposition als Verständnisgrundlage für Büchners politische Aktivitäten ebenso angesprochen werden wie das Elend der Massen im vorindustriellen Pauperismus, das in Woyzecks Lebensbedingungen veranschaulicht wird.

Anschließend vermittelt das zweite Schülerreferat einen Einblick in Büchners Leben und Werk. Dabei sollen dessen politische Ansichten unter Einbeziehung von Büchners Briefen und dem *Hessischen Landboten* ausführlich dargestellt und auf den zeitgeschichtlichen Hintergrund bezogen werden. Gleichzeitig muß seine historisch progressive Position im Hinblick auf sein materialistisches Gesellschaftsbild hervorgehoben werden.

Es besteht die Möglichkeit, beide Themen in einem Referat zu verbinden, das insgesamt etwa 20–30 Minuten dauert.

Hausaufgabe

Die folgende Stunde befaßt sich mit Büchners Hauptquelle, dem historischen Woyzeck-Mordfall in der Darstellung des Hofrats Dr. Clarus, und zeigt Büchners abweichende eigene Rechtsauffassung auf, wie sie in seinem Stück zum Ausdruck kommt. Als Vorbereitung sollen daher die im Materialteil des Klett Editionenhefts abgedruckten Auszüge aus den Gutachten von Clarus (S. 42–48) unter folgenden Leitfragen gelesen werden:

1. Welches Verhalten wirft Clarus Woyzeck (direkt oder indirekt) in Abschnitt a und c vor?
2. Wie werden diese Verhaltensweisen durch Woyzecks Schilderungen erklärt?
3. Wie beurteilt Clarus aufgrund seines Menschenbilds das Leben Woyzecks? Welche Aspekte vernachlässigt er dabei?

Die Ergebnisse sollten schriftlich festgehalten werden, damit die umfangreiche Auswertung der Hausaufgabe in der nächsten Stunde zügig vorgenommen werden kann.

11./12. Stunde:
Büchner und seine Quellen

Sachanalyse

Die stofflichen Anregungen für sein Drama fand Büchner in drei Kriminalfällen seiner Zeit, die auf großes öffentliches Interesse stießen. Am 25. September 1817 ermordete der 38jährige Tabakspinnergeselle Daniel Schmolling die junge Henriette Lehne, am 21. Juli 1821 erstach der 41jährige Perückenmacher Johann Christian Woyzeck in Leipzig die Witwe

Johanna Christiane Woost und am 15. August 1830 tötete der 37jährige Leinwebergeselle Johann Dieß bei Darmstadt Elisabetha Reuter. Gemeinsamkeiten fallen auf. In allen drei Fällen ist das Verhältnis zum Opfer und die gewählte Mordart gleich: Der Täter ersticht seine Geliebte. Woyzeck hat ein uneheliches Kind von einer früheren Geliebten, der Wienbergerin, bei Dieß ist das gemeinsame Kind 4½ Jahre alt und im Falle Schmolling ist die Ermordete schwanger. Die Mörder, die alle längere Zeit als Soldat dienten, stammen aus der unteren Schicht und leben in sehr ärmlichen Verhältnissen. In allen drei Fällen eilen sofort nach der Tat Leute hinzu, und der Täter wird direkt oder kurze Zeit später gefaßt. Bei allen drei Gerichtsverfahren werden Gutachter bestellt, die die Zurechnungsfähigkeit der Angeklagten untersuchen sollen. (Für eine detaillierte Auflistung der Gemeinsamkeiten dieser Fälle sowie der von Büchner übernommenen Motive sei auf E. Krause (Hrsg.), 1969, S. 164 ff., und auf L. Bornscheuer, 1974, S. 49 ff. verwiesen.) Auf den von der Büchner-Forschung bisher noch nicht berücksichtigten Fall des französischen Bauernsohns Pierre Rivière, der 1835 drei Familienmitglieder mit einem Beil erschlug, hat A. Meier (1980, S. 20) hingewiesen; im Dramentext läßt sich jedoch kein konkreter Einfluß aufzeigen. Die größte Wirkung auf Büchners Stück hatte der Fall Woyzeck, den Büchner aus mehreren Quellen kannte. Besondere Bedeutung kommt dabei den zwei gerichtsmedizinischen Gutachten des Hofrats Johann Christian August Clarus zu, die erst am Anfang unseres Jahrhunderts wiederentdeckt wurden; die Gerichtsakten selbst sind nicht erhalten geblieben.

Aufgrund eines Antrags des Verteidigers erstellt Clarus im Auftrag des Gerichts sein erstes Gutachten vom 16. September 1821, in dem er Woyzeck für voll zurechnungsfähig erklärt. Daraufhin wird der Angeklagte am 11. Oktober 1821 zum Tode verurteilt; das Urteil wird im Februar 1822 noch einmal bestätigt. Nach zwei abgelehnten Gnadengesuchen beantragt der Verteidiger erneut eine gerichtsärztliche Untersuchung des Angeklagten durch den Leipziger Universitätsprofessor Johann Christian August Heinroth, da Woyzeck einem Geistlichen von Stimmen und Geistererscheinungen berichtet habe, die er schon längere Zeit vor dem Mord wahrgenommen haben will. Dieser Antrag wird jedoch letztlich abschlägig beschieden und als neuer Hinrichtungstermin der 13. November 1822 festgesetzt. Erst als ein Privatmann wenige Tage vor diesem Termin Anzeige erstattet und auf von Augenzeugen beobachtete geistesverwirrte Handlungen Woyzecks hinweist, wird die Urteilsvollstreckung ausgesetzt und ein zweites Gutachten in Auftrag gegeben. Nach dem Studium der Gerichtsakten sowie nach fünf eingehenden Untersuchungen und Befragungen Woyzecks kommt Clarus in diesem zweiten umfassenderen Gutachten vom 28. Februar 1823 zu demselben Ergebnis wie beim ersten. Auch ein von der Leipziger Medizinischen Fakultät verfaßtes Gutachten bestätigt im April 1824 die Schlußfolgerungen des Hofrats, so daß Woyzeck am 27. August 1824 auf dem Leipziger Marktplatz mit dem Schwert hingerichtet wird.

Da der Fall auch in der Fachwelt heftig diskutiert wurde, veröffentlichte Clarus zunächst auf eigene Kosten das zweite Gutachten am 18. August 1824, 1825 erschien es auch in Adolf Henkes „Zeitschrift für die Staatsarzneikunde", für die Büchners Vater gelegentlich Beiträge schrieb; im Jahr darauf folgte dann das frühere erste Gutachten. Büchners Quellen sind ferner eine Stellungnahme des Bamberger Gerichtsmediziners Dr. C. M. Marc, der in einer 1825 erschienenen

Schrift Clarus' Schlußfolgerungen und damit Woyzecks Zurechnungsfähigkeit bestreitet, und die im selben Jahr folgende Replik des Leipziger Professors Heinroth, der Clarus verteidigt.

Die Feststellung der Zurechnungsfähigkeit war bei Taten mit besonderen Auffälligkeiten in Tatmotiven oder -verlauf bzw. im Verhalten des Angeklagten die Grundlage der Schuldfindung und Urteilssprechung. Die Bewältigung dieser Aufgabe war seit Beginn des 19. Jahrhunderts zunehmend schwerer geworden, da sich die Auslegungskriterien mit der Zeit erweitert hatten. Gerade deshalb stieß das Problem der Zurechnungsfähigkeit zu Büchners Zeit auf so großes Interesse sowohl bei Laien, als auch bei der juristischen und medizinischen Fachwelt und löste kontroverse Diskussionen aus.

Welche unterschiedlichen Positionen wurden vertreten, und welcher Richtung sind die Auffassungen von Clarus, Marc und Heinroth zuzuordnen?

Zur Klärung dieser Fragen ist ein kurzer geschichtlicher Exkurs nötig, bei dem ich mich auf die Ergebnisse von Georg Reuchleins Untersuchungen stütze (1985, S. 10–19). Eine Unzurechnungsfähigkeit wurde dem Täter bis ins 18. Jahrhundert hinein nur in eng umrissenen Ausnahmefällen zugebilligt: bei klar definierten psychischen Krankheiten wie Wahnsinn, Melancholie oder Manie und in einem speziellen Entwicklungsabschnitt des Menschen, der Kindheit. Dieser Kriterienkatalog hatte sich zu Beginn des 19. Jahrhunderts stark erweitert. Dies ist zum einen auf die Humanisierungsbestrebungen der Rechtsaufklärung des 18. Jahrhunderts zurückzuführen, die auch die psychologischen Hintergründe des Täters und die Tatmotive bei einer Urteilsfindung bis zu einem gewissen Grad mit berücksichtigen. Allerdings dienten die gewonnenen Erkenntnisse in erster Linie der Klärung der Frage, ob der Täter zum Zeitpunkt der Tat zurechnungsfähig gewesen war. Zum anderen bemühte man sich, Schuld rational mit einem einheitlichen, abstrakten Kriterium zu erfassen; daher setzte sich das idealistische Prinzip der Willensfreiheit als Beurteilungskriterium allmählich durch. Beide Entwicklungen vergrößerten den Auslegungsspielraum im Hinblick auf eine festzustellende Zurechnungsfähigkeit erheblich. Selbst Wahnsinn als bisher scheinbar einfach zu erfassendes Kriterium für die Aberkennung der Zurechnungsfähigkeit war durch die Entdeckung der „Manie ohne Delirium" (zitiert nach Reuchlin, S. 15), einer Erscheinungsform des Wahnsinns ohne die bisher bekannten auffälligen Symptome, interpretierbar geworden. Durch diese erschwerte Diagnostizierbarkeit von psychischen Erkrankungen gewann die Gerichtsmedizin als Sachverständigeninstanz an Bedeutung, wenn Zweifel an der Zurechnungsfähigkeit des Angeklagten bestanden. Vorher war dafür ein Gremium von Juristen zuständig. Auch diese Entwicklung erleichterte nicht unbedingt die Urteilsfindung, denn nun kam es öfter zu Auslegungskonflikten zwischen Juristen und Medizinern. Ideologische Einflüsse spielten ebenfalls eine Rolle. Die rechtsaufklärerische Position wurde nach dem Wiener Kongreß zunehmend von einer neuen staatstragenden restaurativen Richtung zurückgedrängt, die bei der Schuldzumessung weniger psychologisierend das individuelle Täterprofil berücksichtigte als vielmehr vorrangig das Allgemeinwohl und Staatsinteresse im Auge hatte. Im Mittelpunkt stand die Abschreckungsfunktion von Strafe und das Schutzbedürfnis der Gesellschaft vor dem Verbrecher, wobei man bei der Urteilsfindung christlich-moralische Wertvorstellungen und das Prinzip der Willensfreiheit zugrunde legte. Diese Restauration hatte sich bald in Rechtsprechung und Medizin durchgesetzt, was zu einer Verquickung von fachgebundenen und moralisch-religiösen Aspekten führte, um deren Trennung man im 18. Jahrhundert noch bemüht war. Dies zeigt sich besonders deutlich etwa in Heinroths Auffassung vom selbstverschuldeten Wahnsinn:

„der Mensch verläßt die Vernunft, er trennt sich von der Vernunft, und zwar durch seine That, indem er sich die Sünde zur Freundin wählt und dadurch ein Feind der Vernunft wird ... Und so reißt die Sünde den Menschen von der Vernunft los, und raubt ihm ganz eigentlich die Vernunft. Der Vernunftberaubte ist daher jederzeit durch Sündigen in diesen Zustand gekommen."
(zitiert nach Reuchlein, 1985, *Zurechnungsfähigkeit*, S. 56)

Heinroth vertritt also – wie auch Clarus – die restaurative Position, während Marc noch der Rechtsaufklärung zuzurechnen ist.

In den dreißiger Jahren des 19. Jahrhunderts – der Entstehungszeit von Büchners Drama – waren allerdings bereits wieder Anfänge einer Liberalisierung zu spüren, was zu einer Neubelebung der Diskussion über die Zurechnungsfähigkeit führte. Diese Tendenz konnte sich jedoch noch nicht gegen die herrschende Rechtsauffassung durchsetzen.

Wie wirkt sich die restaurative Haltung von Clarus auf die Beurteilung von Woyzecks Fall aus? Zunächst sei kurz der Lebenslauf des Angeklagten umrissen. Detaillierte Informationen finden sich bei Krause bzw. Bornscheuer [s.o.]; eine ausführliche Biographie ist im Anhang von Hans Mayers *Woyzeck*-Ausgabe enthalten (1981[9], S. 51–60); Woyzecks Lebensdaten sind auch im Materialienteil des Klett Editionenhefts auf S. 67 wiedergegeben.

Der 1780 geborene Woyzeck verliert früh seine Eltern. Er erlernt das Perückenmacherhand-werk, geht nach Beendigung der Lehre mit 18 Jahren auf Wanderschaft und schlägt sich mit Gelegenheitsarbeiten durch, weil er keine ständige Arbeit findet. Nach Besetzung der deutschen Länder durch napoleonische Truppen dient er zwölf Jahre lang an verschiedenen Fronten. In diese Zeit fällt auch sein Verhältnis mit der Wienbergerin, die er liebte und mit der er ein Kind hatte. Zu einer Heirat kam es aber nicht zuletzt wegen fehlender Papiere nicht. Er verläßt sie, kommt aber nach einiger Zeit wieder, erfährt von ihrer zwischenzeitlichen Untreue und verläßt sie wieder. Bereits in dieser Zeit beginnt er Stimmen zu hören und Anzeichen gelegentlicher Geistesverwirrung zu zeigen.

Nach seiner Rückkehr nach Leipzig 1818 versucht er dauerhafte Arbeit zu finden, was in den wirtschaftlich schlechten Zeiten fehlschlägt. Er trifft auf die Stieftochter seines ehemaligen Lehrherrn, die inzwischen verwitwete Woostin und beginnt mit ihr ein Verhältnis. Auch diese Zeit kennzeichnen Hunger, Bettelei, Gelegenheitsarbeiten; er muß immer wieder die Schlafstellen wechseln, zum Teil aus Geldmangel im Freien schlafen und muß Demütigungen ertragen, nicht zuletzt von der Woostin, die ihn zudem ständig betrügt. Deswegen war er auch schon handgreiflich geworden und mußte acht Tage ins Gefängnis. Als sie ihn wieder einmal wegen eines anderen Mannes versetzt, kommt es zur Tat.

Clarus vertritt grundsätzlich die Ansicht, daß die Rechtsprechung in erster Linie der Erhaltung der gesellschaftlichen Ordnung und dem Schutz der Allgemeinheit dienen müsse und daß Abschreckung eine wichtige Funktion von Strafe sei (Klett Editionenheft, S. 42f.). Daher befürwortet er eine restriktive Handhabung der Unzurechnungsfähigkeitsklausel und warnt vor einem Mißbrauch. Bei zu großzügiger Auslegung, die er bei manchen seiner Kollegen bemängelt, befürchtet er negative Auswirkungen auf die Gesetzesmoral der Allgemeinheit und damit eine Gefahr für das Ansehen des Staates.
In seinem Gutachten über Woyzeck prüft

Clarus die Frage, ob die Möglichkeit eines freien Willensgebrauchs gegeben gewesen wäre, d. h. die Möglichkeit, sich bewußt für ein vernünftiges (moralisches) bzw. für ein unvernünftiges Handeln zu entscheiden. In dem Zusammenhang unerheblich aber ist das Problem, ob es für den Angeklagten in der Situation leicht oder schwer gewesen wäre, sich für das (richtige) vernünftige Handeln zu entscheiden. Clarus bemüht sich nachzuweisen, daß Woyzecks Erfahrungen und „Leidenschaften" nicht ungewöhnlich sind, sondern von vielen Leuten erlebt werden, die sich trotzdem beherrschen können und nicht gegen die Gesetze verstoßen. Für ihn liegt die Schuld ausschließlich bei Woyzeck selbst, dessen mangelhaftes Bemühen um Beherrschung seiner Triebe und um vernunftgeleitetes Handeln dazu führte, daß dieser

„durch ein unstetes, wüstes, gedankenloses und untätiges Leben von einer Stufe der moralischen Verwilderung zur andern herabgesunken, endlich im finstern Aufruhr roher Leidenschaften ein Menschenleben zerstörte [...]" (Clarus, zitiert nach: H. Mayer, 1981[9], S. 76)

Der Gedanke, die schlechten sozialen Lebensumstände des Angeklagten zur Erklärung heranzuziehen, liegt ihm fern, da er von der idealistischen Theorie der menschlichen Selbstbestimmung ausgeht. So stellt Clarus' Beurteilung „Unmuth, Unzufriedenheit mit sich selbst, Argwohn, Mißtrauen und Bitterkeit gegen andere, Reizbarkeit zum Ausbruche eines ungerechten Zorns auf leichte Veranlassungen" (Klett Editionenheft, S. 44 – auch die folgenden Seitenangaben beziehen sich auf diese Ausgabe) eine individuelle Schuldzuweisung dar. Ein möglicher Zusammenhang mit Woyzecks schlechten materiellen Lebensbedingungen (Hunger und Arbeitslosigkeit im Wechsel mit Zeiten kärglichen Auskommens, zeitweisem

Schlafen im Freien aus Geldmangel) und den Demütigungen wegen seiner Armut (durch Offiziere, durch die Wienbergerin, die ihn betrog, und durch die Woostin, die ihn nicht nur betrog, sondern auch wegen seiner Armut hänselte und quälte) wird nicht in Erwägung gezogen.

Woyzecks zeitweilige Arbeitslosigkeit wird als Ausdruck von Arbeitsscheu gesehen unter Vernachlässigung der allgemeinen schlechten Wirtschafts- und Erwerbslage sowie der fortwährenden Bemühungen Woyzecks um Arbeit. Der Vorwurf der „ungesetzmäßige[n] Befriedigung der Geschlechtslust" (S. 43) läßt außer acht, daß Woyzeck sowohl die Wienbergerin als auch die Woostin durchaus heiraten wollte; die erforderliche Heiratserlaubnis wurde aber von seinen Offizieren nicht erteilt, da eine Heirat nur bei ökonomisch ausreichend gesichertem Lebensunterhalt genehmigt werden konnte. Von der im Vorwort erwähnten angeblichen Spielleidenschaft (S. 43) ist im Gutachten keine Rede. Der ebenfalls erwähnte schlechte gesellschaftliche Umgang bezieht sich wahrscheinlich hauptsächlich auf die Woostin, die seit ihrer Verwitwung wegen ihrer Affären stadtbekannt war; er wird ebenfalls nicht präzisiert. Woyzeck kannte sie aber bereits aus seinen ersten Lehrjahren, als sie jung verheiratet und unbescholten war. Der Vorwurf der Trunkenheit (S. 43) trifft allerdings zu: Woyzeck, der nach eigenen Aussagen „Vergnügungen, Zerstreuungen, Tanz, Trunk" (zitiert nach Mayer, 1981[9], S. 131) nicht sonderlich liebte, sondern sich immer etwas abgesondert hielt, wurde zum Gelegenheitstrinker. Für Clarus liegt auch dieses Verhalten ausschließlich in der Person begründet; nach möglichen anderen Ursachen sucht er nicht.

Clarus sieht selbst in Woyzecks Visionen, Angstzuständen, zeitweiliger Geistesabwesenheit und dem Wahrnehmen von

Stimmen keinen Fall von Schuldminderung, da diese nur körperlich durch „Unordnungen des Blutumlaufes" (zitiert nach Mayer, 1981[9], S. 123) bedingt seien und daher keine Beeinträchtigung des freien Willens und des Vernunftgebrauchs darstellten, wie das viele andere im täglichen Leben vorkommende Beispiele bewiesen. Auch dies ist also nur eine Frage der Willensbeherrschung. Es könne dabei nicht einmal von einer Krankheit gesprochen werden, sondern nur von einer Anlage dazu; dies wird später einer der Hauptangriffspunkte von Dr. Marc. Der Umstand, daß Woyzeck selbst an diese Erscheinungen glaubte und schwer unter ihnen litt, spielte für Clarus keine Rolle. Abschließend kommt der Gutachter zum Ergebnis, daß Woyzeck jederzeit – und damit auch zur Tatzeit (als dem ausschlaggebenden Punkt) – zu einer von Vernunft bestimmten Willensentscheidung und entsprechendem Handeln fähig gewesen wäre. Für ihn steht somit fest, daß keine Einschränkung der Willensfreiheit vorliege, sondern daß „das Übergewicht der Leidenschaft über die Vernunft die einzige Triebfeder [der Tat] gewesen" sei (zitiert nach Mayer, 1981[9], S. 122).

War für Clarus aufgrund seiner idealistischen Beurteilungskriterien die Schuld des historischen Woyzecks auf dessen persönliches Versagen zurückzuführen, so milderte Büchner in seinem Drama die Schuld der Hauptfigur ab, indem er den Einfluß der sozio-ökonomischen Verhältnisse aufzeigt. Die Armut zwingt Woyzeck, von einer Arbeit zur anderen zu hetzen, ja, er muß sogar seinen Körper für Experimente hergeben, um den Lebensunterhalt für sich und die Seinen zu verdienen. Aber er ist nicht nur bis in intime körperliche Bereiche fremdbestimmt, sondern sieht sich darüber hinaus mit dem Anspruch der herrschenden Ideologie der

freien Selbstbestimmung des Menschen konfrontiert, den zu erfüllen er sich unter seinen Lebensbedingungen außerstande sieht. Gleichzeitig wird er von den sozial höherstehenden Figuren gedemütigt. Der psychische und physische Druck resultiert in Visionen und Verfolgungswahn. Durch Maries Untreue geht Woyzecks Lebenssinn verloren, und seine Einsamkeit ist vollkommen. Auch dies ist auf soziale Komponenten zurückzuführen, da der privilegierte Tambourmajor alle Bedürfnisse Maries erfüllen kann, für die der abgehetzte, ausgemergelte Woyzeck wegen seines Existenzkampfes weder Zeit noch Kraft hat.

Büchner zeigt in seinem Stück also eine Gegenposition zu Clarus. Er wendet sich damit auch gegen die damalige Rechtsauffassung, daß für eine Schuldfeststellung die Zurechnungsfähigkeit zum Zeitpunkt der Tat ausschlaggebend sei; deren Entstehungsgeschichte aber, was gleichbedeutend mit der Lebensgeschichte des Täters ist, sei ohne Belang (vgl. die auf S. 60 abgedruckte Stellungnahme von Carl Ernst Jarcke, einem zeitgenössischen Juristen). Gerade im Kontrast dazu läßt Büchner Woyzecks Tat als bei vollem Bewußtsein geplant erscheinen. In Szene 15 kauft er ohne merkliche Erregung die Tatwaffe, wobei selbst diese Wahl von seiner ökonomischen Lage beeinflußt wird („Das Pistolche ist zu theuer."). Anschließend verteilt er seine Habseligkeiten, ein Zeichen, daß er mit seinem bisherigen Leben abschließt (Szene 17). Auch seine Aufforderung an Marie, mit ihm zu gehen (Szene 19) und das letzte Gespräch (Szene 20) mit Marie läßt keinerlei Anzeichen einer Affekthandlung erkennen, sondern wirkt ruhig und überlegt.

Mit der Darstellung der sozialen Determiniertheit des Individuums vertritt Büchner eine Rechtsauffassung, die seiner Zeit weit voraus ist und erst in der zweiten

Hälfte des 19. Jahrhunderts Verbreitung findet.

Unterrichtsschwerpunkte

– der historische Woyzeck-Mordfall als Hauptquelle des Stücks
– Woyzecks Schuld: die Clarus-Gutachten und deren idealistisch geprägte Rechtsauffassung und Büchners materialistische Gegenposition im Stück
– Einordnung beider Positionen in die Rechtsgeschichte

Unterrichtsverlauf

Phase 1:
Der historische Woyzeck und die Clarus-Gutachten

Zu Beginn führt ein Schülerreferat in die Thematik der Stunde ein. Dabei wird auf die drei historischen Mordfälle als Quellen hingewiesen und der Woyzeck-Fall als der einflußreichste hervorgehoben. Der erste Teil des Referats gibt einen kurzen Überblick über das Leben des historischen Woyzecks bis zur Mordtat, wobei ein Zusammenhang zwischen dessen beruflichen Schwierigkeiten und dem Zeithintergrund hergestellt werden muß. Er schließt mit dem Hinweis, daß gegen den Täter ein Gerichtsverfahren eingeleitet wurde, bei dem die Gutachten des Hofrats Clarus eine wichtige Rolle spielten. Einzelheiten über den Prozeß werden dann nach der nun folgenden Besprechung der Gutachten im zweiten Teil des Referats erläutert. (Weitere Details zur Referatsvergabe siehe S. 14f.)
Als nächster Unterrichtsschritt erfolgt die mündliche Auswertung der Hausaufgabe, bei der Ausschnitte aus den Clarus-Gutachten zu untersuchen waren (Klett Edi-

tionenheft, S. 42–48). Das von Clarus beanstandete Verhalten Woyzecks sollte Punkt für Punkt von den Schülern vorgetragen und jeweils direkt mit Woyzecks eigener Schilderung verglichen werden (siehe Stundenblatt). Die Frage, wie Clarus aufgrund seines Menschenbildes das Leben Woyzecks beurteilt und welche Aspekte er vernachlässigt, kann entweder als Zusammenfassung der Ergebnisse am Schluß der Auswertung gestellt werden oder aber zur Sicherung eines Zwischenergebnisses jeweils nach der Besprechung einiger Punkte. Dabei wird deutlich, daß Clarus Woyzecks Schuld in dessen persönlichem Fehlverhalten begründet sieht, den Einfluß der sozialen Verhältnisse aber negiert, was auf sein idealistisches Menschenbild zurückzuführen ist. Dieses Fazit könnte an der Tafel schriftlich festgehalten und in der nächsten Phase Büchners Position gegenübergestellt werden.
Bei vier Vorwürfen ist keine Gegendarstellung von Woyzeck im Text zu finden; sie muß bei der Besprechung des entsprechenden Punktes jeweils vom Lehrer ergänzt werden. So ist darauf hinzuweisen, daß die Punkte „Spiel" und „schlechte Gesellschaft" (S. 43) weder von Woyzeck noch von Clarus im Gutachten weiter erwähnt werden und daß sich der letzte Vorwurf allenfalls auf das Opfer, die Woostin, und deren Affären, beziehen kann, die Woyzeck aber als Stieftochter seines Lehrherrn aus noch unbescholtener Zeit kannte. Der Lehrer muß ferner darüber informieren, daß der Vorwurf der Trunkenheit zutrifft, da Woyzeck Gelegenheitstrinker war, aber daß dies auch mit dessen schlechter Arbeitssituation zusammengehangen haben könnte. Eine letzte Zusatzinformation betrifft den Punkt „ungesetzmäßige Befriedigung der Geschlechtslust" (S. 43), bei dem auf die damals notwendige Heiratserlaubnis von der Armee hinzuweisen ist. Diese ist viel-

leicht in der 1./2. Stunde der Unterrichtseinheit bereits angesprochen worden, sollte aber an dieser Stelle zur Verdeutlichung der sozialen Komponente noch einmal ins Gedächtnis gerufen werden.

Nachdem die Schüler die Clarus-Gutachten auszugsweise kennengelernt und deren Beurteilungstendenz geklärt haben, geht der nun folgende zweite Teil des Schülerreferats auf den Verlauf des Gerichtsverfahrens und die Bedeutung dieser Gutachten für den Prozeßausgang ein. Die von Clarus festgestellte Zurechnungsfähigkeit und damit die Schuld des Angeklagten muß besonders hervorgehoben werden. Dies sollte abschließend als Ergänzung im Tafelanschrieb festgehalten werden.

Phase 2:
Büchners Darstellung von Woyzecks
Leben und Schuld

Nach der Beschäftigung mit dem historischen Woyzeck-Fall als Quelle wendet sich diese Phase Büchners Stück zu, in dem seine Sicht der zeitgenössischen Rechtsprechung ihren Niederschlag findet. Zunächst wird in einem Unterrichtsgespräch die Frage erörtert, inwiefern Büchner in seinem Stück Woyzecks Leben anders als Clarus beurteilt. Aufgrund der bisher in der Unterrichtseinheit erarbeiteten Ergebnisse und der Kenntnis des Stücks ist es den Schülern ohne nochmalige Texteinsicht möglich, Büchners Gegenposition zu Clarus zu erkennen. Daher ist mündlich (oder als Ergänzung zur Position von Clarus an der Tafel schriftlich) festzuhalten, daß Büchner die schlechten sozialen Umstände für Woyzecks Lebenslauf verantwortlich macht, nicht aber persönliches Fehlverhalten der Figur.

Ausgehend von der Stellungnahme eines Rechtswissenschaftlers von 1829 (s. Arbeitsblatt S. 60) wird in der anschließenden Gruppenarbeitsphase eine Beziehung zwischen Büchners Sicht und der zeitgenössischen Rechtsauffassung in bezug auf Schuldzumessungskriterien hergestellt. Im Gegensatz zur zeitgenössischen Auffassung, die die vorsätzliche und bewußte Entscheidung zu einer Tat als Beweis der Zurechnungsfähigkeit und damit der Schuld eines Täters versteht, die Entstehungsgeschichte der Tat aber vernachlässigt, hält Büchner gerade die Entstehungsgeschichte für den entscheidenden Faktor der Schuldzusprechung. Tatentschluß und -durchführung sind in diesem Zusammenhang unwesentlich. Nachdem die Schüler beide Auffassungen inhaltlich erarbeitet haben, sollen sie im zweiten Teil des Arbeitsauftrags diese konkret am Stück aufzeigen. Um festzustellen, ob Woyzeck im zeitgenössischen Sinne zurechnungsfähig war, d.h. die Tat vorsätzlich und bewußt begangen hat und ob Büchner ihn schuldig sprach, wird die Entstehungsgeschichte der Tat aus der Kenntnis des ganzen Stücks untersucht und mit der Tatvorbereitung und -ausführung in den Szenen 15, 17, 19 und 20 verglichen.

Bei der Auswertung der Gruppenarbeit wird die Schuldfeststellung aus zeitgenössischer und aus Büchners Sicht mündlich besprochen und als Tafelanschrieb festgehalten, falls dies gewünscht wird. Der zweite Teil des Arbeitsauftrags, der Büchners Sicht am Stück belegt, wird mündlich besprochen. Dabei ergibt sich, daß Woyzeck nach zeitgenössischer Rechtsauffassung schuldig zu sprechen wäre, da die Szenen 15, 17, 19 und 20 dessen bewußte Tatvorbereitung und -ausführung deutlich machen. Mit der im ganzen Stück dargestellten Entstehungsgeschichte der Tat betont Büchner durch Hervorhebung des sozialen Drucks Woyzecks Unschuld. Damit vertritt er eine Gegenposition zur damaligen Sicht.

Arbeitsblatt

Schuldfeststellung aus zeitgenössischer juristischer Sicht

„Es wäre nicht bloß eine nutzlose, sondern auch in den meisten Fällen gar nicht befriedigend zu lösende Aufgabe, wenn man außer dem Beweise des Entschlusses und der Absicht [, eine Tat zu begehen], auch noch von dem erkennenden Richter fordern wollte, daß er in jedem einzelnen Falle die Entste-
5 hungsgeschichte *dieser* besondern bösen Lust in *diesem* Verbrecher liefern sollte. Dieses wäre *überflüssig*, denn wenn die Zurechnungsfähigkeit die auf dem Bewußtseyn beruht, nicht bezweifelt werden kann, so ist es zwar immer noch für den Psychologen und Seelsorger sehr interessant zu erfahren, wie dieser böse Keim in diesem bösen Menschen reif geworden, – der Richter aber
10 weiß grade das was er wissen wollte; es ist nicht seines Amtes, psychologische Probleme zu lösen [. . .]“

Carl Ernst Jarcke, „Ueber die Zurechnung und die Aufhebung derselben durch unfreie Gemüthszustände". In: Zs. f. CRP. 12. Bd., 1829, 23. Heft, S. 35–149, S. 70f.
zitiert nach: *Georg Reuchlein. Das Problem der Zurechnungsfähigkeit bei E. T. A. Hoffmann und Georg Büchner: zum Verhältnis von Literatur, Psychiatrie u. Justiz im frühen 19. Jh.* Verlag Peter Lang GmbH Frankfurt/Main, Bern, New York 1983. S. 73.

Arbeitsaufträge:

1. In welcher Beziehung weicht Büchner mit seiner Darstellung von Woyzecks Schuld von den Schuldfeststellungskriterien Jarckes und damit von der zeitgenössischen Rechtsauffassung ab?

2. Ist Woyzeck im zeitgenössischen Sinne zurechnungsfähig, d. h. hat er die Tat bewußt und vorsätzlich begangen? Spricht Büchner ihn schuldig?

3. Vergleichen Sie dazu die „Entstehungsgeschichte" der Tat aus Ihrer Kenntnis des Dramas mit deren Vorbereitung und Ausführung (Szene 15, 17, 19, 20).

In dem abschließenden freien Unterrichtsgespräch haben die Schüler dann Gelegenheit, ihre eigene Meinung zu Woyzecks Schuld in Büchners Stück darzulegen und miteinander zu diskutieren. Angesprochen werden könnte dabei das Problem, ob Woyzeck trotz der sozialen Verhältnisse wirklich keine Entscheidungsfreiheit mehr hatte, die Tat nicht zu begehen.

Phase 3:
Historische Einordnung von Clarus' und Büchners Rechtsauffassung

Zum Abschluß dieses Themenkomplexes wird ein Textausschnitt aus Georg Reuchleins Studie (abgedruckt auf S. 61f.) gemeinsam unter der Leitfrage gelesen, welche der im Text aufgezeigten Rechtspositionen Clarus bzw. Büchner vertreten. Die zweite Leitfrage betrifft den Aspekt, in welchem Verhältnis sie jeweils zur herrschenden Rechtsauffassung der Entstehungszeit von Clarus' Gutachten (1821–1823) bzw. von Büchners Stück (1836/37) stehen. Nach der Lektüre des Textes können die Schüler beide Fragen meist spontan beantworten; sie können aber auch in einer kurzen Einzelarbeitsphase geklärt werden. Als Ergebnis ist mündlich festzuhalten, daß Clarus die restaurative Position vertritt, die in den zwanziger und dreißiger Jahren des 19. Jahrhunderts beherrschend war. Büchner dagegen vertritt die bereits weit über seine Zeit hinausweisende Position des sozialen Determinismus.

Einordnung von Clarus' und Büchners Position in die Rechtsgeschichte

[...] Mit dem Fall Woyzeck [1821–1824] hatte sich der Geist der Restauration in Justiz und Gerichtsmedizin durchgesetzt; konservativ-restaurative Positionen waren bis auf weiteres zur herrschenden Doktrin in diesen beiden Bereichen geworden. [...]

5 Grundlegend für den restaurativen Diskurs über die (Un-)Zurechnungsfähigkeit war zunächst ein entschiedener idealistischer Indeterminismus.[1] Die Fähigkeit des Individuums, den eigenen Willen frei zu bestimmen, wurde als zentrales, den Menschen definierendes Wesensmerkmal verstanden. [...]
Hatte der Fall Schmolling[2] eine Umbruchssituation, das Einsetzen der Re-
10 stauration, das sich zunächst als Konflikt einer, sich auf die Interessen des Staatsganzen besinnenden, restaurativen Jurisprudenz mit einer, noch weitgehend rechtsaufklärerischen Traditionen verhafteten, Gerichtsmedizin äußerte, markiert, so kennzeichnet der Fall Woyzeck die erfolgte Durchsetzung der Restauration auf breiter Front: auch innerhalb der Gerichtsmedizin selbst
15 begann jetzt das ,law-and-order'-Denken zur herrschenden Doktrin zu werden, so daß die Verfechter aufgeklärt-gemäßigter Prinzipien, wie sie im Fall Woyzeck z.B. von dem Bamberger Arzt C.M. Marc oder dem Hamburger Juristen J. Chr. A. Grohmann verfochten wurden, allgemein zunehmend in die Defensive gedrängt wurden. Als Büchner Mitte der dreißiger Jahre dann
20 den Fall Woyzeck für sein Dramenfragment, so wie er schon in ,Dantons Tod' und im ,Lenz' historische Ereignisse verarbeitet hatte, wieder aufgriff, nahmen die restaurativen Kräfte innerhalb von Justiz und Gerichtsmedizin nach wie vor die dominierende Position ein. Dennoch begann sich in den Jahren nach der Julirevolution allmählich wieder ein Erstarken liberaler Auffassun-
25 gen abzuzeichnen. Im Lichte dieser Entwicklung begannen Fälle wie jener Woyzecks und der restaurative Umgang mit ihnen tendenziell wieder ins Zwielicht zu geraten, ja nachgerade Empörung auszulösen. [...]
Im weiteren Verlauf des 19. Jahrhunderts vollzog sich innerhalb der juristischen und psychiatrischen Theoriebildung über die Kriminalität, ihre Natur
30 und ihre Ursachen eine allmähliche Abkehr vom dogmatischen Indeterminismus der Restaurationsära. Statt dessen kam man in zunehmendem Maße zu der Überzeugung von einer biologischen oder sozialen Determiniertheit des Verbrechers:
„Determinismus und Evolutionismus ersetzen Metaphysik, Willensfreiheit
35 wird abgelehnt."

Gleichzeitig hielten freilich die Bestimmungen des positiven Rechts nach wie vor uneingeschränkt am Axiom menschlicher Willensfreiheit fest. Damit waren weitere Konflikte um die Zurechnungsproblematik geradezu unweigerlich vorprogrammiert.

[1] Lehre von der Entscheidungsfreiheit des Menschen.

[2] *Fall Schmolling:* Der 38jährige Tabakspinnergeselle Schmolling erstach am 25. September 1817 seine Geliebte. Sein Todesurteil wurde in eine lebenslängliche Haft umgewandelt, er ermordete im Gefängnis jedoch einen Mitgefangenen.

aus: *Georg Reuchlein. Das Problem der Zurechnungsfähigkeit bei E. T. A. Hoffmann und Georg Büchner: zum Verhältnis von Literatur, Psychiatrie u. Justiz im frühen 19. Jh.* Verlag Peter Lang GmbH Frankfurt/Main, Bern, New York 1983. S. 46; 55; 77.

13./14. Stunde:
Schuldfrage und Schlußvarianten des Dramas

Sachanalyse

Drei Interpretationsansätze haben die Forschungsgeschichte des *Woyzeck*-Dramas besonders geprägt: der nihilistische, der christlich-transzendentale und der sozialhistorische Ansatz. Natürlich nehmen die Interpretationen innerhalb einer dieser Deutungsrichtungen unterschiedliche Einzelwertungen und Akzentuierungen vor, aber sie verbindet doch ein jeweils gemeinsames weltanschauliches Grundmuster, das exemplarisch an den Aufsätzen von Benno v. Wiese (zuerst 1948 veröffentlicht), Wolfgang Martens (1957/58) und Alfons Glück (1987) aufgezeigt werden soll.

Benno v. Wiese versteht Büchners Stück bis zu einem gewissen Grad als soziale Anklage: Woyzeck als Opfer des in Selbstzufriedenheit erstarrten, unbarmherzigen Bürgertums. Aber für diesen Interpreten, als Vertreter der Nihilismus-These, geht das Stück weit darüber hinaus:

[es] gestaltet die ewige Beschaffenheit des Daseins, die Einsamkeit des Menschen auf der Welt, heimgesucht von dunklen, unerbittlichen, namenlosen Dämonen. Ein Mensch in seiner Nacktheit legt Zeugnis ab für den allgemeinen Leidenscharakter des Seins, er wird zum Sinnbild für das hoffnungslose Ausgeliefertsein des Menschen an die Mächte, die ihn in einer durchaus unvollkommenen Welt auf unverständliche Weise innen und außen bedrängen. (v. Wiese, 1967[7], S. 528)

Damit gewinnt das Drama eine übergesellschaftliche und überzeitliche Dimension. Woyzeck ist nicht nur seiner Umgebung hilflos ausgeliefert, sondern vor allem seinen Visionen und Urängsten, ein Mensch, leidend und einsam in einer Welt ohne metaphysische Sinngebung. Angesichts dieser Sinnlosigkeit des menschlichen Seins ist Trost nur noch in der Liebesgemeinschaft zu finden, die aber für Woyzeck durch Maries Untreue zerstört wird. Dem Nichts somit völlig ausgeliefert, treibt es ihn zum Mord, der zur Zwangshandlung wird.

Auch Wolfgang Martens begreift dieses Drama als Darstellung der conditio humana, in der das menschliche Dasein steter Kampf gegen das Böse in sich selbst, gegen das Triebhafte, bedeutet, in dem der Mensch immer wieder unterliegt. So sieht Martens Marie ebenso wie Marion in *Danton* als „triebhafte, triebbestimmte, triebunterworfene Wesen" (S. 375), obwohl Marie sich dagegen zu wehren versuche. Auch bei Woyzecks Eifersucht handle es sich um „dämonische[s] Getriebensein" (S. 383). Indem Woyzeck und Marie ihrer „animalische[n] Triebhaftigkeit", dem „Untermenschliche[n]" (S. 376) erliegen, die sich auch in der Tiermetaphorik der Szenen 3, 6 und 11 widerspiegelt, werden sie für diesen Interpreten im christlichen Sinne schuldig und bedürfen der Erlösung.

Die sozialkritische Komponente des Stücks ist konsequenterweise für diese Sicht von geringer Bedeutung. Im Gegensatz zu v. Wiese sieht Martens Woyzecks Nebenbuhler nicht als sozial, sondern nur auf physisch-sexuellem Gebiet überlegen. Die bürgerliche Gesellschaft sei zwar durchaus in gewissem Maße an der Zerstörung Woyzecks beteiligt, aber „[d]ie eigentliche Erschütterung erfährt Woyzeck an der Triebunterworfenheit Maries im eigenen Bereich" (S. 383).

Dieser ahistorische, christlich-transzendentale Ansatz wird in letzter Zeit kaum noch vertreten, wenn man von Ausnahmen wie etwa W. Wittkowski (1978) absieht; auch die nihilistische Sicht spielt heute keine Rolle mehr. Die wenigen neueren existentialistischen Deutungen gehen trotz inhaltlicher Unterschiede von einer Welt aus, in der der Mensch allein auf sich gestellt dem Dasein ausgeliefert ist und seinem Leben selbst einen Sinn geben muß.

Den meisten heutigen Interpretationen liegt ein sozialhistorisch orientierter Ansatz zugrunde, dessen Ausprägungen von der sozialkritischen bis zur materialistischen Sicht reichen. Ein Beispiel für letztere Tendenz sind die Thesen von Alfons Glück. Für ihn ist Woyzecks Tragödie die Folge von dessen „pauperistische[r] Existenz" (S. 325) und damit ausschließlich auf soziale Ursachen zurückzuführen. Er werde brutalst von den Herrschenden als „Arbeits- und Versuchstier" (S. 325) aus-

gebeutet und unterdrückt. Zusätzlich stehe er noch unter dem Druck der allgegenwärtigen Militärdisziplin, die seinen Tagesablauf bis ins Detail reglementiere. Dies werde in seiner Eile, pünktlich zum Appell zu kommen, genauso deutlich wie in seiner mechanisch-reflexhaften Antwort „Jawohl, Herr Hauptmann" (Szene 5). Als Folge der Ausbeutung und Unterdrückung sei er sich selbst entfremdet: seinem Körper, der zunehmend durch Experimente zerrüttet werde, und seinem Geist, der die herrschende Ideologie gegen seine eigenen Interessen internalisiert habe. So erkenne er das ihm aufoktrierte Wertesystem letztlich an, obwohl er die schichtenspezifische Gebundenheit begreife; ihm gelte Tugend als etwas grundsätzlich Erstrebenswertes, für das ihm nur die soziale Grundlage fehle. Aber er sehe das Schicksal der „arme Leut" als unabänderlich. Diese Entfremdung verursache eine tragische Desorientierung, die bis zum Wahnsinn führe. Als ihm Maries Untreue den entscheidenden Schlag versetzt und dadurch die Psychose in die destruktive Phase trete, zeige sich die Bewußtseinsverirrung darin, daß sich seine Aggressionen nicht gegen seine Peiniger, die Herrschenden, richet, sondern gegen Marie, die ebenfalls Opfer ist. Woyzecks Tat sei somit als Folge der Entfremdung zu sehen; daher könne er nicht dafür zur Verantwortung gezogen werden. Woyzecks Leben stelle darüber hinaus historisch keinen Einzelfall dar, sondern die Verkörperung eines Massenschicksals in der Zeit des Pauperismus.

Der Einfluß der verschiedenen Interpretationsansätze ist auch in der Diskussion über den von Büchner intendierten Dramenschluß und damit in der Wahl der Schlußszene spürbar, die aufgrund der Handschriftenlage nicht eindeutig feststeht (s. S. 16). Die Szene H 1,21 „Gerichtsdiener. Arzt. Richter" (Szene 26) wird als Anhaltspunkt für *ein* denkbares Handlungsende aufgefaßt, nämlich daß Woyzeck verhaftet und vor Gericht gestellt wird. (Die in der Szene eigentlich noch vorkommende Figur des Barbiers wird in der Regel weggelassen.) Man geht bei diesem Schluß davon aus, daß Büchner noch eine Gerichtsverhandlung folgen lassen wollte, in der selbst nach einer Schuldigsprechung Woyzecks die herrschende Gesellschaft mit ihrer idealistischen Ideologie zumindestens indirekt verurteilt worden wäre. Dieses Dramenende wird häufig von der sozialhistorischen Forschung favorisiert, da damit dem Zuschauer nochmals die Verantwortung der Gesellschaft vor Augen geführt und sozialkritische Einsichten vermittelt würden. Durch diese Lösung werden allerdings die existentielle Lebensproblematik, wie sie die Geschichte der Großmutter als Integrationspunkt zusammenfaßt, und die Frage nach dem Sinn des menschlichen Daseins in den Hintergrund gedrängt, was ja der sozialhistorischen Sichtweise entgegenkommt. Gegen dieses Handlungsende ist eingewandt worden, daß sich das offene Bauprinzip von Büchners Drama einem solch einfachen, „realistischen" Abschluß widersetze. Einziger Anhaltspunkt für diese Annahme sei im übrigen nur die Bemerkung des Gerichtsdieners, die aber keineswegs einen vorherigen Tod Woyzecks ausschließen würde.

Für Woyzecks Sterben als Schluß sprechen die Szenen H 1,19 (Szene 23) und H 1,20 (Szene 24), was bedeuten würde, daß Woyzeck bei der Suche nach dem Messer (unfreiwillig) ertrinkt bzw. Selbstmord begeht. Die in der ersten Handschrift vorausgehende Szene H 1,18 (Szene 25) galt bei dieser Schlußvariante als Anhaltspunkt dafür, daß Woyzecks Leiche gefunden wurde. Allerdings wurde dieser Auffassung auch heftig widersprochen, nicht

zuletzt mit dem Argument, daß in dem Fall die Szene in später Nacht spielen müßte; es wäre kaum glaubhaft, daß Kinder um diese Zeit noch in den Wald gehen dürften bzw. sich dies trauten (Poschmann, 1985, S. 155). Die Bemerkungen der Kinder könnten ebensogut die Entdeckung von Maries Leiche andeuten. Auch die Szene H 1,16 (Szene 21), eingefügt nach den beiden Teich-Szenen, wurde auf Woyzecks Ertrinken bezogen, allerdings auch auf Maries Tod.

Die in der früheren Forschung noch gelegentlich geäußerte Vermutung eines Selbstmordes, die beispielsweise von Ernst Hardt in der ersten Insel-Ausgabe 1922 und zuletzt noch 1948 von Kasimir Edschmid in seiner Ausgabe der Gesammelten Werke zugrunde gelegt wurde (van Dam, 1954, S. 306, 309), wird schon lange nicht mehr ernsthaft diskutiert.

Woyzecks Ertrinken ist aber von vielen Editionen übernommen worden. Dieser Schluß wird meist von den Interpreten gewählt, die Büchners Drama primär als Darstellung der conditio humana verstehen, unabhängig davon, ob noch von dem Vorhandensein eines metaphysischen Sinnbezugs ausgegangen wird oder nicht. Diese Variante würde mehr mit dem Blick auf Woyzecks Verzweiflung schließen, ohne noch einmal die Frage der Verantwortlichkeit aufzuwerfen. Damit treten die gesellschaftskritischen Elemente in den Hintergrund, und Woyzecks Handeln kann als Ausdruck allgemeinmenschlicher Lebensnot interpretiert werden. Auch bei diesem Schluß wird als zusätzlicher Einwand hervorgebracht, daß er die angerissenen Probleme zugunsten eines konkreten Handlungsabschlusses verenge und damit dem offenen Kompositionsprinzip von Büchners Drama widerspräche.

Eine in neuerer Zeit öfters vertretene These geht davon aus, daß die Szene H 3,2 (Szene 27) das Stück beenden könnte. Auch die Lehmannsche Fassung stellt diese Szene an den Schluß, ohne allerdings auf die anderen Varianten zu verzichten. Sie zeigt die Ablehnung, die Woyzeck selbst vom eigenen Kind erfährt, und veranschaulicht seine völlige Einsamkeit. Damit wird offengelassen, ob es zu einer Gerichtsverhandlung kommt oder nicht, und ein mögliches, fast entpersönlichtes „Dahinleben" von Woyzeck angedeutet, wie dies auch bei *Lenz* der Fall ist. Dieses Ende bevorzugen ebenfalls Interpreten, die einer existentialistischen Deutung zuneigen, weil sie darin die Verlassenheit und Einsamkeit des Menschen, vor allem in der Moderne, versinnbildlicht sehen. Der inhaltlichen und strukturellen Offenheit des Stücks würde mit dieser Lösung Rechnung getragen, allerdings auf Kosten der gesellschaftskritischen Aspekte.

Keiner dieser Schlüsse ist wahrscheinlicher als der andere; ausschlaggebend für die Wahl eines Dramenschlusses bleibt immer die Deutungsperspektive des Interpreten. Auch heute noch gilt die Feststellung, die Hermann van Dam im Hinblick auf eine vertretbare Bühnenfassung bereits 1954 getroffen hat:

Es ist also nicht die Frage, einen ‚Woyzeck' zu geben, wie er endgültig ausgesehen hätte, sondern, mit den vorhandenen, nicht in kontinuierlicher Abfolge aufgezeichneten Szenen eine Aneinanderreihung vorzunehmen, die der Büchnerschen Konzeption am wenigsten zuwiderläuft und die zugleich aufführbar ist. Es hängt also viel davon ab, wie Herausgeber und Regisseure Büchners Konzeption auslegen (van Dam, 1954, S. 309).

Die Diskussion geht weiter.

Unterrichtsschwerpunkte

– der nihilistische, der christlich-transzendentale und der sozialgeschichtlich-materialistische Interpretationsansatz, dargestellt an ausgewählten Textbeispielen
– mögliche Schlußszenen und darin enthaltene Handlungsenden von Büchners *Woyzeck*
– Bezug zwischen Dramenschluß und Interpretationstendenz

Unterrichtsverlauf

In dieser Doppelstunde werden zunächst drei Interpretationsansätze miteinander verglichen, die die Rezeptionsgeschichte von *Woyzeck* geprägt haben. Nach der Besprechung möglicher Schlußvarianten von Büchners Drama wird dann die enge Beziehung zwischen der Wahl eines bestimmten Handlungsendes und interpretatorischen Richtungstendenzen erörtert.

Phase 1:
Woyzecks Schuld aus literaturwissenschaftlicher Sicht

Im Mittelpunkt dieser Phase steht eine Gruppenarbeit, in der sich die Schüler mit den Textausschnitten von Alfons Glück, Benno v. Wiese und Wolfgang Martens beschäftigen (s. Arbeitsblatt auf S. 66ff.). Dabei sind die Unterschiede zwischen den drei Interpretationen in bezug auf Woyzecks Situation, Mordtat und Schuldfrage zu untersuchen. Ferner soll festgestellt werden, ob im Stück die Darstellung einer überzeitlichen allgemein-menschlichen Daseinsproblematik oder einer gesellschaftlich verursachten, historisch fixierten Lebenslage gesehen wird. Die darin zum Ausdruck kommende jeweilige Weltsicht sollte abschließend kurz benannt werden. Zur leichteren Verständigung und zeitlichen Beschleunigung sind diese Arbeitsaufträge zusammen mit den Texten abgedruckt.

Zu Arbeitsblatt 1–3

Arbeitsaufträge:

1. Worin unterscheiden sich die drei Interpretationen in bezug auf Woyzecks Situation und Mordtat?
   Wem wird Schuld zugesprochen?

2. Sehen sie jeweils im Stück mehr eine überzeitliche existentielle Daseinsproblematik des Menschen dargestellt oder eine menschliche Lebenslage, die durch eine bestimmte historische Gesellschaft verursacht wird?

3. Wie könnte man die jeweilige Weltsicht zusammenfassend bezeichnen?

Arbeitsblatt 1

Der Woyzeck
Tragödie eines Paupers   Alfons Glück

[...] Dem *Woyzeck* liegt – wie dem *Hessischen Landboten* – ein System zugrunde: das System der Ausbeutung, Unterdrückung und Entfremdung. Ausbeutung ist der Zweck, Unterdrückung das Mittel, Entfremdung die Folge.

5 Ausbeutung: Seine Herren haben ihn restlos nutzbar gemacht. Seine Existenz gleicht der eines Zugtiers. Es ist seine Armut, die ihn ausliefert, und es ist die – im Menschenversuch ins Extrem gesteigerte – entfremdete Arbeit, die ihn ruiniert. Das ist das Fundament seiner Tragödie – und nicht eine mystische Fatalität, die über „den" Menschen schlechthin verhängt wäre.

10 *Unterdrückung:* das Aggregat der Mittel, die für den Systemzweck Ausbeutung eingesetzt werden, die Herrschaft auf allen Ebenen, vom Militärregiment bis zu den subtilen Techniken der Bewußtseinslenkung.
Entfremdung: die Folgen der Ausbeutung und Unterdrückung für die Objekte und Opfer des Systems, das, was es für den Füsilier und seinesgleichen

15 bereithält, vom Hunger angefangen bis zur Bewußtseinsverödung und zur Psychose und dem, was aus der Psychose erwächst, dem Mord, dem Schafott und dem verwaist zurückgelassenen Kind. [...]

Wie die Enteignung und Unterdrückung sich in seinem Bewußtsein und in seinem Willen umsetzt, dafür weise ich auf zwei Hauptpunkte hin: Erstens,

20 Woyzeck bewundert die „Tugend", die seine Herren für ihn vorgesehen haben (H 4,5 [Szene 5], H 4,8 [Szene 8]). Er widerspricht nicht dieser Tugend; viel-

mehr begründet er, warum er ihr nicht nachkommen könne: ihm fehlten dazu die Mittel (darin steckt ein Moment von Erkenntnis). Statt dessen sollte er diese Anforderungen (Triebunterdrückung) zurückweisen, weil sie für ihn
25 unerfüllbar sind, und er, der Geschundene, etwas anderes zu tun hat, als sich in Enthaltsamkeit zu üben. Dadurch aber, daß er diese „Tugend" als Maßstab akzeptiert, steht er auch auf der Ebene Bewußtsein von vornherein auf verlorenem Posten. – Zweitens, daß die Herren die Herren sind und die „armen Leut" ihre Knechte, erscheint ihm als ewiges Schicksal
30 (H 4,5 [Sz. 5]). Die Bewußtseinsform „Schicksal", dieser Mythos der Bewegungslosigkeit, ist der Überbau gnadenloser Unterwerfung, Projektion seiner Ausweglosigkeit.
[...] Not, Existenzangst, entmenschender Drill, Arbeitsüberlastung und auch der zuletzt genannte Faktor Desorientierung haben Woyzecks Widerstands-
35 kraft aufgezehrt und einer Psychose den Boden bereitet. Das neunzigtägige ernährungsphysiologische Experiment bringt ihn zuletzt körperlich und seelisch so weit herunter, daß – unmittelbar bevor die gespielte Handlung einsetzt – der kritische Punkt erreicht wird. [...]

Gleich in der ersten Szene (H 4,1 [Sz. 1]) sehen wir eine schwere psychotische
40 Attacke (Übergang der latenten in eine manifeste Psychose). Durch einen Schock, den Schlag, den Maries Untreue ihm versetzt, wird er über eine Grenzlinie gestoßen: Der Damm der Bewußtseinskontrolle bricht, die Psychose tritt in ihre destruktive Schlußphase. [...]

Und welchen Weg nehmen diese Energien nach dem Dammbruch? Ihre Bahn
45 ist vorgezeichnet. Da sich seine Aggression nicht gegen ihr natürliches Objekt – die Verursacher seiner Leiden – richten kann (sie sind übermächtig, und das Opfer ist nicht einmal imstande, sie zu orten), dreht sie ab und richtet sich, von einer schweren Kränkung geleitet (irregeführt), gegen Marie, die ein Opfer ist wie er – Gipfel tragischer Desorientierung.
50 In dem Angriff auf Marie steckt ein Moment verdrehten (abgefälschten) Rebellierens gegen seine Peiniger.
Mit dieser ,Tat' (eine Tat wäre es, wenn ihr eine vom Bewußtsein kontrollierte Entscheidung vorausginge) bringt sich Woyzeck um das „Einzige", was er in diesem Leben hatte, und läßt ein Kind zurück, dessen Überlebenschancen
55 gering sind. [...]

Alfons Glück. „Der Woyzeck. Tragödie eines Paupers". In: *Georg Büchner: 1813–1837; Revolutionär, Dichter, Wissenschaftler.* [Katalog der Ausstellung Mathildenhöhe, Darmstadt, 2. August–27. September 1987] / [Georg Büchner Ausstellungsges.]. Basel, Frankfurt am Main: Stroemfeld/ Roter Stern, 1987. S. 325–332; S. 325; 329f.

(Die Szenenangaben in eckiger Klammer beziehen sich auf das Klett Editionenheft)

Georg Büchner
Die Tragödie des Nihilismus
Benno von Wiese

[...] Die von der privilegierten Schicht gepredigte Moral wird zu einem faden Geschwätz angesichts der Unerbittlichkeit des erbarmungslosen, aber wirklich erlittenen Daseinskampfes, wie ihn Woyzeck durchlebt, der sich den Luxus der „Tugend" nicht mehr leisten kann. [...]

5 Aber diese *satirische Enthüllung angeblicher Werte in ihrer sozialen Standortgebundenheit* ist doch nur die eine Seite des *Woyzeck*. Denn das Tragische wurzelt für Büchner nicht nur in einer ökonomischen Lebensnot, sondern in der Not des Daseins überhaupt. [...] In einer solchen nur noch dumpf und triebhaft erduldeten Welt ist eine sittliche Sinndeutung nicht mehr möglich.

10 Die Ideen von Schuld und Sühne, die in das Nachdenken über das Tragische sich immer wieder eingemischt haben, müssen sich dort auflösen, wo jede rationale Kontrolle aufgehört hat. In stammelnden Worten sucht die in die Unverständlichkeit des Alls verstoßene Kreatur das Namenlose zu fassen,

15 unter dessen Einbruch die Seele erbebt. Hier gibt es nicht mehr die transzendierende Kraft der Idee, die den Menschen aus der Gefangenschaft des Irdischen erlöst, sondern nur noch die Einsamkeit des leidenden Menschen, der allein in der *kreatürlichen Gemeinschaft mit dem Du* noch Trost und Glück zu finden hofft. [...]

[...] für ihn [Woyzeck] zerstört diese Treulosigkeit [Maries] den einzigen Halt,

20 der ihm in der schwankenden Welt noch blieb: die kreatürliche, leidvolle Gemeinschaft mit dem Du. Es ist weit mehr als Eifersucht, wenn er seine Frau ersticht. Es ist der Ausdruck eines letzten Lebenspessimismus, ja Lebensekels, für den die Erde zur Hölle geworden ist. Eigentlich ist dieser Mord kaum mehr eine Tat zu nennen. Er ist nur die letzte unerbittliche Konsequenz, ein

25 Müssen und Getriebenwerden, von der Natur selbst zudiktiert, ohne daß dabei eine freie Entscheidung, ein Wollen und Tun im eigentlichen Sinn möglich wäre. So wie der erotische Treubruch von Büchner als vitales Verhängnis, nicht aber als sittliche Verfehlung gedeutet wurde, so wird auch der Mord nicht als Tat, sondern als Zwangshandlung gesehen, der sich gerade dieser

30 Mensch nicht zu widersetzen vermochte. Denn der Verlust seiner Marie bedeutet für Woyzeck die Ausstoßung aus jeder Gemeinschaft, so daß er sich nur noch dem Nichts gegenübersieht. Für seine Urangst, die sich immer schon vom Namenlosen und Furchtbaren heimgesucht wußte, ist diese Treulosigkeit nur das endgültige Zeichen für die Unverständlichkeit und Furchtbarkeit des

35 Seins überhaupt, mit der sein eignes Dasein in der Welt unmöglich wurde. Der Mord ist lediglich der Ausdruck dafür, daß sein Leben jede Basis, auf der es noch auszuhalten wäre, verloren hat. [...]

Zum Menschenbild Georg Büchners · Wolfgang Martens

[...] Auch im *Woyzeck* bleibt die bürgerlich-idealistische Gesellschaft, vertreten durch Doktor und Hauptmann, am Rande, ein dummes, bösartiges, kaltherziges Publikum eher als aktiv in die verhängnisvollen Vorgänge eingreifend. Nicht ein Exponent der „vornehmen", der bürgerlichen Gesellschaft
5 bricht in Woyzecks armseligen Besitz an Liebe ein – [...]
Woyzecks Nebenbuhler, der Tambourmajor, ist selbst ein primitiver Vertreter des niederen Volks, der „gemeinen Leut" – seine Sprache weist ihn aus. Nicht sozial, sondern physisch-sexuell ist er der Stärkere. Die eigentliche Erschütterung erfährt Woyzeck an der Triebunterworfenheit Maries im eigenen Be-
10 reich. –
Woyzecks Verzweiflung ist damit primär kein soziales Faktum, sein Martyrium nicht das Martyrium einer Klassenzugehörigkeit, sondern – in der Sphäre der Armut – ein menschliches Martyrium. Woyzecks Sein und das, was sein Schicksal ausmacht, läßt sich in Kategorien der materiellen Besitzverhältnisse
15 nicht zureichend fassen. Ja, die Bezeichnung „Proletarier" dürfte mit den Nebentönen aus dem Bereich des Massenwesens, des Klassenkampfes eher das Wesentliche verdecken. Woyzeck ist nicht Proletarier, sondern: ein Armer – ein Armer in dem viel umfassenderen und tieferen Sinne, den das Christentum dem Wort verliehen hat. Seine Gestalt erscheint vorgeprägt im Bild jener
20 Besessenen, Geschlagenen und Aussätzigen, von denen die Bibel spricht. [...]
Woyzeck, Marie, Marion sind gezeichnet mit der Wahrheit der Armen, Verachteten, der Huren, Zöllner und Sünder der Bibel, und das heißt zugleich auch: nicht als gesunde, unschuldige, unverbildete „Natur"-Wesen „aus dem Volk", sondern als Geschöpfe, die des Erbarmens, der Heilung, der Erlösung
25 bedürftig sind (wie denn fast alle Gestalten Büchners nach Erlösung rufen).
In der Zerstörung des idealistischen Bildes vom freien, harmonischen, seiner selbst mächtigen Menschen – und im Widerspruch zur aufklärerischen Anthropologie seiner Zeit – wird damit hier bei Büchner eine andere, „realistische", in Analogie zu christlicher Anschauung stehende Auffassung vom Menschen
30 freigelegt, die die Gefährdungen und Abgründe, das Triebhafte, das Böse im Menschen miteinbegreift und die trotzdem in den „leidenden, gedrückten Gestalten" (213), den Mühseligen und Beladenen das Menschliche sichtbar werden läßt. Hinter tierhafter Entstelltheit, hinter dämonisch-pathologischer Verzerrtheit des menschlichen Antlitzes sieht Büchner in schmerzlichem Wis-
35 sen immer noch den Menschen und die verborgene Würde, die noch dem Niedrigsten und Geringsten – und gerade ihm – als einem Geschöpf Gottes eignet.

Wolfgang Martens. „Zum Menschenbild Georg Büchners. ‚Woyzeck' und die Marionszene in ‚Dantons Tod'." In: Wolfgang Martens (Hrsg.). *Georg Büchner, Wege der Forschung*. Bd. 53. Darmstadt, 1973. S. 373–385; S. 383–385 (Ausschnitte). Zuerst in: *Wirkendes Wort. Deutsches Sprachschaffen in Lehre und Leben* 8 (1957/58). S. 13–20.

Nach einem kurzen Hinweis zum Thema der Stunde und dem Austeilen des kopierten Materials läßt der Lehrer zunächst als Leitfaden die Arbeitsaufträge, dann die einzelnen Textausschnitte vorlesen. Es ist anzuraten, mit dem Aufsatz von Glück zu beginnen, da die beiden anderen Interpretationen durch den starken inhaltlichen Kontrast leichter zu erfassen sind. Nach jedem Text sollte den Schülern Gelegenheit gegeben werden, Wort- bzw. Verständnisfragen zu stellen. Dann werden die zu untersuchenden Aspekte in Gruppen bearbeitet und die Ergebnisse dabei schriftlich festgehalten. Die Auswertung des Arbeitsauftrags erfolgt im gemeinsamen Gespräch im Plenum, wobei die einzelnen Interpretationen nacheinander besprochen werden (Einzelheiten s. Stundenblatt). Bei der Frage nach der jeweiligen Weltsicht genügt eine inhaltliche Beschreibung; die abstrakten Termini (sozialgeschichtlich-materialistisch, nihilistisch, christlich-transzendental) sollte dann der Lehrer notfalls ergänzen.

Abschließend werden die erarbeiteten Interpretationen aus der Sicht der Schüler erörtert. Dabei ist zu erwarten, daß die nihilistische und die christlich-transzendentale Sicht nur in einzelnen Punkten (Einsamkeit, Fehlen einer transzendenten Sinngebung) Zustimmung finden wird. Es könnte die Meinung vertreten werden, daß diese Interpretationsaspekte nicht unbedingt in Widerspruch zu einer sozialkritischen Deutung stehen. Auch könnte eine Kritik des Ansatzes von Alfons Glück darin gesehen werden, daß er ausschließlich gesellschaftliche Verantwortung, aber keine individuelle mehr sieht.

Phase 2:
Schlußvarianten

Nachdem die Schüler unterschiedliche Interpretationsrichtungen kennengelernt haben, ist damit die Verständnisbasis geschaffen, von der aus sie die in der Literaturwissenschaft vertretenen Dramenschlüsse in Beziehung zu spezifischen interpretatorischen Sichtweisen setzen können.

Zunächst werden die Szenen 23 bis 27 gemeinsam laut gelesen. Da sie äußerst kurz sind und meist nur eine Person spricht, sollten gleich am Anfang alle Rollen verteilt und die Szenen dann hintereinander gelesen werden. Das Wort „Reuter" in Szene 27 wird den Schülern nicht bekannt sein und muß erklärt werden (Dialekt für Reiter).

Der Lehrerhinweis, daß die Szenen teilweise aus diversen Handschriften bzw. diversen Bögen einer Handschrift stammen und so in der Literaturwissenschaft unterschiedliche Handlungsschlüsse angenommen werden, ist die Grundlage der weiteren Arbeit (erste Handschrift [H 1], Bogen II: Szenen 23, 24, 25; erste Handschrift [H 1], Bogen III: Szene 26; zweite Handschrift [H 3], Szene 27).

Drei methodische Vorgehensweisen bieten sich im folgenden nun an. Bei guten Kursen kann der Lehrer im fragend-entwickelnden Verfahren die Schüler zunächst selbst mögliche Schlußvarianten finden lassen, wobei in der Regel der Tod Woyzecks im Teich (Szene 23 bis 25) und der Gerichtsprozeß gegen Woyzeck (Szene 26) als Dramenende ohne weiteres genannt werden. Schwierigkeiten kann der in Szene 27 angedeutete Schluß des „Dahinlebens" von Woyzeck bereiten. In dem Falle muß der Lehrer durch Fragen nach dem Handlungsgeschehen in der Szene und nach Woyzecks zwischenmenschlicher Situation im Stück zusätzliche Impulse geben. Als weitere Hilfe kann auch nach einem möglichen Bezug zum Großmutter-„Märchen" gefragt werden. In welcher Reihenfolge die Schlußvarianten besprochen werden, ist unerheblich.

Die Einbeziehung der Szenen 23 bis 25 ist bei Szene 26 als Schlußvariante denkbar, bei Szene 27 notwendig, wie der Bemerkung Karls („Der is in's Wasser gefalln") zu entnehmen ist; dies würde bedeuten, daß Woyzeck wieder aus dem Teich findet, nachdem er das Messer weit genug versenkt hat. Auch eigene Lösungen der Schüler können akzeptiert werden, sollten aber als solche gekennzeichnet und aus dem Stück begründet werden. Dann wird danach gefragt, welche Interpretationselemente jeweils durch das angenommene Ende betont bzw. zurückgenommen werden. Als letzter Aspekt wird noch die Offenheit der Dramenstruktur in die Zuordnung mit einbezogen. Als zusammenfassendes Fazit wird dann die Beziehung zwischen dem gewählten Dramenschluß und der Interpretationstendenz besprochen.

Eine zweite Vorgehensmöglichkeit bestünde darin, daß der Lehrer die literaturwissenschaftlichen Schlußvarianten mit dem Hinweis auf die Handschriftenlage inhaltlich nennt, die Schüler die jeweils in Frage kommenden Szenen zuordnen und dann – wie im oben besprochenen Verlauf – die beiden letzten Aspekte (Interpretationselemente/offene Dramenstruktur) erörtern. Dies könnte – als dritte Variante – bei schwächeren Kursen auch als Partnerarbeitsphase konzipiert werden.

Als Abschluß dieses Themenkomplexes erhalten die Schüler Gelegenheit, ihre eigenen Vorstellungen eines Dramenschlusses für *Woyzeck*, die aus dem Stück begründet werden müssen, miteinander zu diskutieren. Da sich die Wahl des Dramenschlusses mit einer Gesamtinterpretation des Stückes verbinden läßt, könnte dies Thema eines nachbereitenden Aufsatzes sein.

15./16. Stunde:
„Menschen von Fleisch und Blut": Büchners Dramenauffassung

Sachanalyse

Büchner hat weder eine umfassende Kunsttheorie aufgestellt noch seine ästhetischen Ansichten in essayistischer Form zusammengefaßt; seine Äußerungen über Kunst sind eher unsystematisch und fragmentarisch. Besonders aufschlußreich sind folgende drei Stellen: einmal der Brief Büchners an die Familie vom 28. Juli 1835 (s. S. 77), in dem er seine Kunstauffassung erläutert mit dem Ziel, *Dantons Tod* zu verteidigen; ferner der Theaterdialog zwischen Danton und Camille in *Dantons Tod* (Szene II,3) und das Kunstgespräch im *Lenz* (dtv, S. 75–77), die trotz ihrer Eingebundenheit in den jeweiligen Werkskontext als Ausdruck von Büchners eigener künstlerischer Position zu verstehen sind.

„Lebendiges! Was nützt der tote Kram!" – Bereits in dieser Kritik Büchners in einem seiner Schulhefte, gerichtet gegen stumpfsinniges Abschreiben und trockene, irrelevante Lehrstoffe, deutet sich die wichtigste Forderung seines späteren Kunstverständnisses an. Er wendet sich nämlich gegen die Ästhetik des Idealismus, weil sie Kunst und Leben trennt. Nicht die Welt, wie sie wirklich ist, werde gezeigt, sondern eine Welt, wie sie ethisch und ästhetisch sein sollte. Nach Büchners Ansicht darf Kunst aber nicht durch eine einseitige harmonisierende Darstellung des Guten und Schönen die Wirklichkeit überhöhen und moralisch schönfärben, sondern muß die Vielfalt des menschlichen Lebens in seinen positiven und negativen Erscheinungsformen vermitteln. In diesem Sinne läßt er Camille herbe Kritik an idealistischen Dramatikern und ihren Zuschauern üben:

Sie vergessen ihren Herrgott über seinen schlechten Kopisten. Von der Schöpfung, die glühend, brausend und leuchtend, um und in ihnen, sich jeden Augenblick neu gebiert, hören und sehen sie nichts. Sie gehen in's Theater, lesen Gedichte und Romane, schneiden den Fratzen darin die Gesichter nach und sagen zu Gottes Geschöpfen: wie gewöhnlich! (*Dantons Tod,* dtv-Ausgabe, S. 33 f.)

Unrealistische, in Versen sprechende Charaktere, Figuren, die nur der Verkörperung einer Idee dienen – all dies lehnt Büchner vehement ab und fordert statt dessen Lebensnähe, „Menschen von Fleisch und Blut" mit einer an der Wirklichkeit orientierten Sprache. Das idealistische Drama dagegen zeige nur

„eine Marionette, wo man den Strick hereinhängen sieht, an dem sie gezerrt wird und deren Gelenke bei jedem Schritt in fünffüßigen Jamben krachen." (*Dantons Tod,* dtv-Ausgabe, S. 33)

Büchners Forderung nach Realismus bedeutet jedoch nicht, daß an die Stelle der idealistisch-überhöhten Darstellungsweise die oberflächliche Abbildung der Wirklichkeit treten soll. Dies ist seinem wiederholt gegen den Idealismus vorgebrachten Vorwurf zu entnehmen, dieser befasse sich nicht mit dem „Leben des Geringsten", was Büchner als „schmählichste Verachtung der menschlichen Natur" empfindet (*Lenz,* dtv, S. 76). Die Tatsache, daß er von der Kunst die Darstellung eines bestimmten Ausschnitts der sozialen Wirklichkeit verlangt – zwar nicht ausschließlich, aber doch vorrangig –, zeigt die gesellschaftliche Stoßrichtung seines Realismus. Zur Erfüllung der von ihm erwarteten Aufgabe muß der Künstler aber eine grundlegende Voraussetzung mitbringen:

Man muß die Menschheit lieben, um in das eigentümliche Wesen jedes einzudringen, es darf einem keiner zu gering, keiner zu häßlich

sein, erst dann kann man sie verstehen; das unbedeutendste Gesicht macht einen tiefern Eindruck als die bloße Empfindung des Schönen [...] (*Lenz,* dtv-Ausgabe, S. 76 f.)

Damit ist Büchners Realismus keineswegs wertneutrale Wirklichkeitsvermittlung, sondern in der mitfühlenden Darstellung des Lebens der „gemeine Leut" Parteinahme. Die Kunst hat nicht mehr moralische Vorbildfunktion, sondern wird zum Erkenntnisinstrument. Die Rezipienten sollen aus dem Gezeigten – wie aus „der Beobachtung dessen, was im menschlichen Leben um sie herum vorgeht" (Brief vom 28. Juli 1835, s. S. 77) – nicht moralische Lehren ziehen, sondern Einsichten in den Menschen als gesellschaftlich bestimmtes Wesen gewinnen. Dies soll über den Appell an das Gefühl erreicht werden: das Kunstpublikum soll mitempfinden, mitfühlen, mitleiden. Diese Wirkungspoetik ist im Ansatz politisch progressiv. Büchner diagnostiziert die Notwendigkeit einer Gesellschaftsveränderung, bietet aber keine Lösungsmodelle und auch nur grobe Vorstellungen über die Mittel. Er ist Seismograph einer Übergangsepoche, die dem kritischen Zeitgenossen ein Gefühl des Unbehagens vermittelt, aber keine Orientierungen bietet. So zeigt Büchner im *Woyzeck* zwar die Ungerechtigkeit der sozialen Realität auf, ohne aber einen Ausweg anzudeuten. Dem Zuschauer bleibt nur das Mitleiden, in dem zwar gesellschaftskritische Erkenntnis steckt, die jedoch nicht wirksam werden kann. Mit diesem ästhetischen Konzept befindet sich Büchner in der Tradition der Mitleidspoetik Lessings. Allerdings ist

„[n]icht mehr [...] die Rede von der tugend- und gesellschaftsstiftenden, utopischen Kraft der Mitleidserregung durch die Kunst. Mitleid, die Poesie des Mitleids erscheint vielmehr als letztmöglicher Akt der Solidarität angesichts des ‚Risses', der die Welt durchzieht, anklagend, illusionslos, unpathetisch, fern aller sentimental-empfindsamen Rührung. (Schings, 1980, S. 79)

Wie wirkt sich Büchners Realismus in seiner Dramenpraxis aus? Die Wiedergabe der Alltagswelt der „arme Leut" und der Bezug zur gesellschaftlichen Realität der Zeit ist im Laufe der Unterrichtseinheit bereits herausgearbeitet worden. In dieser Doppelstunde soll abschließend noch die dramatische Darstellung in bezug auf Figurenzeichnung, Dialogführung und Sprache im *Woyzeck* mit der in einem idealistischen Stück verglichen werden. Dazu wird ein Ausschnitt aus Szene I,4 von Schillers *Maria Stuart,* das den Schülern aus der Unterrichtseinheit bereits vertraut ist, den *Woyzeck*-Szenen 2 und 16 gegenübergestellt. Die festzustellenden Merkmale sind gleichzeitig repräsentativ für den geschlossenen und offenen Dramentyp. Grundlage der folgenden Ausführungen bildet die Arbeit von Volker Klotz (1969).

Der Szene I,4 in *Maria Stuart* vorausgegangen war die Durchsuchung von Geheimfächern durch Paulet, der für Maria während ihrer Haft verantwortlich ist, weil diese offensichtlich immer noch Schmuck versteckt, mit dem Personal für Botengänge bestochen wird. Dieser Vorfall führt zu einem heftigen Streit zwischen Paulet und Marias Amme Kennedy (I,1). Maria bittet Paulet, einen Brief an Elisabeth weiterzuleiten, der sich unter den beschlagnahmten Sachen befindet. Ferner äußert sie den Wunsch, das Sakrament ihrer Kirche zu empfangen und ihr Testament zu machen. Ihre Angst vor dem in Kürze erwarteten Gerichtsurteil als auch vor einem Meuchelmord wird spürbar (I,2). Als Mortimer, der Neffe Paulets, ihr Gespräch abrupt unterbricht, ohne der Königin Referenz zu erweisen, ist diese äußerst ungehalten. Paulet aber entgegnet ihr, daß er an seinem Neffen gerade schätzt, daß er sich nicht von weiblicher List betören läßt:

„Lady, an dem ist Eure Kunst verloren!" (I,3). Auf diesen Satz Paulets bezieht sich Kennedys Bemerkung am Anfang der Szene I,4: „Darf Euch der Rohe das ins Antlitz sagen!" Gegenstand dieses Textausschnitts ist ein Gespräch zwischen Maria und Kennedy über Marias Mitwisserschaft an der Ermordung ihres ersten Gemahls Lord Heinrich Darnley.

Maria befindet sich angesichts des Jahrestags des Mords in schwermütiger, nachdenklicher Stimmung, Reue und ein schlechtes Gewissen plagen sie. Die mildernden Umstände, die Kennedy zum Troste anführt, läßt sie nicht gelten, sondern bekennt sich zu ihrer Schuld. Diese Stimmungslage Marias wird – wie bei allen Dramen – dem Zuschauer natürlich schauspielerisch durch Stimmodulation und Haltung vermittelt. Auffällig aber ist, daß sich das ganze Gespräch des Szenenausschnitts um ihre Empfindungen dreht, die direkt verbalisiert werden. („Wie? So gebeugt, so mutlos, teure Lady? Wart ihr doch sonst so froh [. . .] und eher mußt' ich Euren Flattersinn als Eure Schwermut schelten.") Obwohl Maria mit dramatischen Worten die Vergangenheit wiederaufleben läßt („der blut'ge Schatten König Darnleys, der zürnend aus dem Gruftgewölbe steigt", „des Gatten racheforderndes Gespenst"), wird sie nicht von ihren Gefühlen überwältigt, sondern diese werden vom Bewußtsein beherrscht und reflektiert:

MARIA: Der Jahrstag dieser unglückseligen Tat
Ist heute abermals zurückgekehrt,
Er ist's, den ich mit Buß' und Fasten feire.

Die Dramenfigur ist sich nicht nur ihrer Gefühle bewußt, sondern behält stets den Überblick über das Geschehen. So erfaßt Maria alle die Tat betreffenden Umstände, durchschaut Kennedys gute Absichten und weiß ihre vorgebrachten Milderungsgründe zu entkräften:

MARIA: Ich wußte drum. Ich ließ die Tat geschehn
und lockt' ihn schmeichelnd in das Todesnetz.

Diese Distanz zur eigenen Person und
zum Geschehen ist ein charakteristisches
Merkmal des idealistischen (und damit
auch des geschlossenen) Dramas – es hat
keinen Platz für spontane, unbeherrschte
Gefühlsausbrüche. Es begreift die Wirklichkeit als geordnetes Sinngefüge, das
vom Bewußtsein kontrolliert und sprachlich erfaßt werden kann. Dies zeigt sich
auch in der Dialogführung. Das Ge-
sprächsthema wird klar gegliedert und in
Rede und Gegenrede von den Dialogpart-
nern erörtert, sie gehen inhaltlich aufeinander ein – ohne Gedankensprünge oder
überraschenden Themenwechsel. Argument und Gegenargument folgen rheto-
risch kunstvoll aufeinander.
Rede und Gegenrede des Dialogs sind
nicht nur durch das inhaltlich klar struk-
turierte Gedankengefüge zusammengehal-
ten, sondern auch sprachlich verknüpft.
Die Personen übernehmen Stichworte des
anderen, geben ihnen aber eine eigene
gedankliche Wendung. So wird der Satz
Kennedys „Ihr rächet blutig nur die blut-
'ge Tat.", mit dem sie Marias Schuld
schmälern will, von dieser wieder aufge-
nommen und ins Gegenteil verkehrt:
„Und blutig wird sie auch an mir sich
rächen." (Z. 67). Häufig verbindet die Ab-
wandlung eines Wortes zwei Gesprächs-
partien:

KENNEDY: Nicht Ihr habt ihn gemordet! Andre
taten's!
MARIA: Ich wußte drum. Ich ließ die *Tat* geschehen [...]

Auch antithetische Sprachvariationen erfüllen diese Verknüpfungsfunktion:

KENNEDY: Darf Euch *der Rohe* das ins *Antlitz*
sagen! [...] Oh, *es ist hart!*
MARIA: [...] Wir haben *in den Tagen unsers
Glanzes*

Dem Schmeichler ein zu willig *Ohr* geliehn.
(Alle Hervorhebungen von der Autorin)

Diese „enge Verzahnung des Dialogs" ist
ein weiteres Charakteristikum des geschlossenen Dramas (V. Klotz, 1969, S.
75). Als letztes sprachliches Merkmal ist
die gehobene Stilebene zu nennen, die
alle Dramenfiguren beherrschen, seien sie
Diener oder Herrscher. Der Amme Kennedy stehen dieselben sprachlichen Aus-
drucksmittel zur Verfügung wie der Königin Maria. Auch das metrisch gebundene
Sprechen aller Figuren ist ein Beitrag zur
Vereinheitlichung der Stilebene.
Im idealistischen Drama (als Beispiel des
geschlossenen Dramentyps) wird sprachliches Handeln nicht nach sozialspezifi-
schen oder gar nach individuellen Charak-
teristika der Dramenfiguren differenziert,
was natürlich nicht der Realität entspricht.
Der Mensch ist von der Idee, dem Bewußtsein geleitet, das sein Handeln und
seine Sprache durchdringt: alles wird auf
hohem Reflexions- und Sprachniveau er-
faßbar und artikulierbar. Im Gegensatz
dazu läßt Büchners Realismus die Figuren
entsprechend ihrem Bildungsstand und
ihrer Ausdrucksmöglichkeiten sprechen
und handeln, was zum Vorhandensein unterschiedlicher Stilebenen führt. Umgangssprache löst die Verssprache ab. Außerdem wird der Mensch nicht mehr ausschließlich als rational bestimmtes Wesen
begriffen, sondern als Bewußtsein und
Unterbewußtsein umfassendes Ganzes,
wie dies auch in der Wirklichkeit der Fall
ist. Indem das im geschlossenen (idealistischen) Drama noch vorhandene allge-
meinverbindliche Ordnungsgefüge der
Welt aufbricht und nur noch individuelle
bzw. gruppenspezifische Wertsysteme
Gültigkeit besitzen, verlieren die Dramenfiguren den sicheren Halt und die Gebor-
genheit, die sie – selbst noch in der Nega-
tion – in einem gemeinsamen Weltbild
gefunden hatten. Die Figuren des realisti-

schen Dramas (als Prototyp des offenen Dramas) erleben die Wirklichkeit als verwirrend, da die sinnstiftende Instanz fehlt, und fühlten sich daher auch ihren Ängsten und Nöten hilflos ausgeliefert. In dem Maße, in dem sich die Wirklichkeit rationaler Einordnung entzieht, gibt auch die Sprache den Anspruch auf souveräne und vollständige Wirklichkeitsvermittlung auf.

Wie stellt sich dies konkret in Büchners Stück dar? Da die Dramenfigur ihre Gefühle nicht mehr distanziert analysieren kann, sondern von ihnen überwältigt wird, ohne daß sie auf der Bewußtseinsebene reflektiert werden, werden diese auch nicht mehr direkt beschrieben, sondern nur noch indirekt vermittelt. Während Kennedy Marias Stimmung konkret benennt, kommt in Szene 2 Maries Freude über die Musik und die Avancen des Tambourmajors nur indirekt in der Bemerkung der Nachbarin zur Sprache: „Ey, was freundliche Auge [. . .]", „Ihre Auge glänze ja noch." Volker Klotz hat dieses Merkmal des offenen Dramas als „implizite Äußerungsweise" (S. 180) bezeichnet. Auch spontane Ausrufe verweisen auf innere Vorgänge der Personen, die aber erst erschlossen werden müssen: so deuten Maries Ausrufe „Mann!", „Franz!" ihre Sorge um Woyzecks Zustand an. Selbst wenn ein Gefühlszustand verhältnismäßig direkt verbalisiert wird (Marie: „Es schauert mich"), so wird in dieser Formulierung deutlich, daß sich die Figur nicht als eine das Geschehen kontrollierende Instanz begreift, sondern als Objekt einer unbekannten Gewalt. Auch Woyzecks Gefühl des Ausgeliefertseins äußert sich in gleicher Weise: „Marie, es war wieder was [. . .]" „Es ist hinter mir gegangen bis vor die Stadt." Die Verwendung dieses „impersonalen Es" (V. Klotz, S. 174f.) ist ein weiteres Charakteristikum des offenen Dramas.

Stimmungen und Empfindungen werden oft auch durch eine Verbindung von sprachlich indirekten Äußerungen und non-verbalen Mitteln wiedergegeben. Gerade darin zeigt sich Büchners Realismus, daß er den Menschen in seiner ganzen Vielfalt der Ausdrucksmöglichkeiten Sprache, Bewegung, Gestik, Mimik darstellt. So wird Maries Freude über den Musikzug in Szene 2 bereits zu Szenenbeginn durch Körperbewegung und den Rhythmus wiedergebende Wortfetzen vermittelt: „Marie *das Kind wippend auf dem Arm:* He Bub! Sa ra ra ra!" Ebenso wird ihr Ärger über Margreth in derselben Szene nicht konkret verbal begründet, sondern zunächst metaphorisch vermittelt. „Trag Sie Ihre Auge zum Jud [. . .]" Mit einem Schimpfwort und einer non-verbalen Handlung beendet sie dann abrupt das Gespräch: „Luder! *(Schlägt das Fenster zu.)*" Dieser spontane Gefühlsausbruch läßt den Grad ihrer Betroffenheit erahnen. (Auf die Funktion des Fensters ist bereits in der 5./6. Stunde [S. 33] hingewiesen worden.) Auch in Szene 16 werden non-verbale Mittel eingesetzt, um Maries Verzweiflung und Reue dem Zuschauer zu vermitteln. Ihre rastlosen Bewegungen zeigen das Ausmaß ihrer Verzweiflung und die Vergeblichkeit ihres Bemühens um innere Ruhe und Trost.

Da die meisten der dargestellten Personen einfach und ungebildet sind, sprechen sie grammatikalisch inkorrekt, in einfach konstruierten, vielfach unvollständigen Sätzen. Ihre Sprache ist dialektal gefärbt. Auch können sie ihre Empfindungen nur ungenügend mit eigenen Worten ausdrücken. Daher nehmen sie manchmal Zuflucht zu vorgeformtem, volkstümlichen Sprachgut, in dem überindividuelle Erfahrungsmuster gesammelt sind: Märchen, Volkslieder oder die Bibel. In Szene 16 liest Marie in der Bibel, wobei sie, nach einem Petrus-Wort, ihr Schicksal an zwei

Stellen aus Johannes (8,3f.) und Lukas (7,34f.) wiederfindet, in denen eine Ehebrecherin tiefe Reue zeigt und durch ihren unerschütterlichen Glauben an Jesu Vergebung erfährt. Marie selbst aber findet nicht zum Gebet, ihr bleibt der Trost des Glaubens und damit eine Vergebung versagt. (Für eine detaillierte Kommentierung der Bibelzitate siehe W. Hinderer, 1977, S. 216ff.)

Die Dramenfigur findet auch im Erfahrungsschatz des Volksliedes Stimmungen und Lebenssituationen ausgedrückt, die ihren eigenen ähneln. So spiegelt Maries Lied der Szene 2 „Mädel, was fangst du jetzt an? Hast ein klein Kind und kein Mann [...]" ihre äußere Lebenssituation und verdeutlicht gleichzeitig ihre fast trotzige Entschlossenheit, ohne Rücksicht auf ihre Umgebung das Leben zu genießen, soweit es in ihren Möglichkeiten steht. Andererseits kann auch die zufällige Wahl eines bestimmten Liedes ein Gefühl der Dramenfigur vermitteln, das dem Zuschauer und vielleicht auch der Figur selbst nicht bewußt war. So gibt Marie in derselben Szene durch das Lied „Soldaten, das sind schöne Bursch" unbewußt ihre Hingezogenheit zum Tambourmajor preis.

Entsprechend dem erweiterten Empfindungsspektrum der Personen, das nun auch das Unterbewußte umfaßt, tritt die rational aufeinander bezogene, logisch-stringente Argumentation der Gesprächspartner in den Hintergrund. Der Dialog springt assoziativ von einem Gedanken zum anderen und bringt zum Teil auch Unterbewußtes an den Tag. So drängen sich in Szene 2 den Nachbarinnen Marie und Margreth angesichts der Vitalität des Tambourmajors Bilder der Stärke auf: „wie ein Baum", „wie ein Löw". Die daraufhin bei Marie bemerkten „freundliche Auge" werden assoziativ zu Verkaufsobjekten (s.o.), um schließlich mit einer noch deutlicheren sexuellen Anspielung verbunden zu werden: „Sie guckt siebe Paar lederne Hose durch."

Die Gesprächspartner verstehen sich häufig nicht oder kaum mehr, da ihnen eine gemeinsame Verständnisbasis fehlt; sie gehen während eines Gesprächs inhaltlich und sprachlich nur noch wenig aufeinander ein. Meist reden sie aneinander vorbei wie Woyzeck und Marie in Szene 2, obwohl der Dialog formal noch aufrechterhalten wird. Falls noch eine Verständigung möglich ist, wie bei Marie und Margreth, dann vollzieht sich die Kommunikation nicht klar ausgesprochen auf der rationalen Ebene, sondern assoziativ durch Andeutungen. Im Extremfall findet überhaupt keine Kommunikation mehr statt, wie in Szene 16 zwischen Marie und dem Narren, die beide ohne inhaltliche oder sprachliche Berührungspunkte vor sich hin monologisieren. Die (aus unterschiedlichen Gründen) völlige Einsamkeit beider Personen wird damit kraß akzentuiert.

Büchners Realismus äußert sich somit nicht nur im Aufgreifen sozialer Probleme der historischen Wirklichkeit, sondern auch in der Darstellung des Menschen als Ganzheit, bestehend aus Bewußtsein und Unterbewußtsein. Er vermittelt die in der Realität beobachtete, eingeschränkte Ausdrucksfähigkeit der Unterschicht und zeigt darüber hinaus schon die sprachlichen Kommunikationsschwierigkeiten, die eine Folge der zunehmenden Beziehungslosigkeit moderner menschlicher Existenz sind.

Unterrichtsschwerpunkte

- Büchners realistische Dramenauffassung und seine Kritik am weltfremden, moralisierenden Drama des Idealismus
- Figurenzeichnung, Dialogführung und Sprache im realistischen (offenen) Dra-

Georg Büchner

An die Familie

Straßburg, 28. Juli 1835

[...] Was übrigens die sogenannte Unsittlichkeit meines Buchs angeht, so habe ich Folgendes zu antworten: der dramatische Dichter ist in meinen Augen nichts, als ein Geschichtsschreiber, steht aber *über* Letzterem dadurch, daß er uns die Geschichte zum zweiten Mal erschafft und uns gleich unmittel-
5 bar, statt eine trockene Erzählung zu geben, in das Leben einer Zeit hinein versetzt, uns statt Charakteristiken Charaktere, und statt Beschreibungen Gestalten gibt. Seine höchste Aufgabe ist, der Geschichte, wie sie sich wirklich begeben, so nahe als möglich zu kommen. Sein Buch darf weder *sittlicher* noch *unsittlicher* sein, als die *Geschichte selbst;* aber die Geschichte ist vom
10 lieben Herrgott nicht zu einer Lektüre für junge Frauenzimmer geschaffen worden, und da ist es mir auch nicht übel zu nehmen, wenn mein Drama ebensowenig dazu geeignet ist. Ich kann doch aus einem Danton und den Banditen der Revolution nicht Tugendhelden machen! Wenn ich ihre Lieder-lichkeit schildern wollte, so mußte ich sie eben liederlich sein, wenn ich ihre
15 Gottlosigkeit zeigen wollte, so mußte ich sie eben wie Atheisten sprechen lassen. Wenn einige unanständige Ausdrücke vorkommen, so denke man an die weltbekannte, obszöne Sprache der damaligen Zeit, wovon das, was ich meine Leute sagen lasse, nur ein schwacher Abriß ist. Man könnte mir nur noch vorwerfen, daß ich einen solchen Stoff gewählt hätte. Aber der Einwurf
20 ist längst widerlegt. Wollte man ihn gelten lassen, so müßten die größten Meisterwerke der Poesie verworfen werden. Der Dichter ist kein Lehrer der Moral, er erfindet und schafft Gestalten, er macht vergangene Zeiten wieder aufleben, und die Leute mögen dann daraus lernen, so gut, wie aus dem Studium der Geschichte und der Beobachtung dessen, was im menschlichen
25 Leben um sie herum vorgeht. Wenn man *so* wollte, dürfte man keine Ge-schichte studieren, weil sehr viele unmoralische Dinge darin erzählt werden, müßte mit verbundenen Augen über die Gasse gehen, weil man sonst Unan-ständigkeiten sehen könnte, und müßte über einen Gott Zeter schreien, der eine Welt erschaffen, worauf so viele Liederlichkeiten vorfallen. Wenn man
30 mir übrigens noch sagen wollte, der Dichter müsse die Welt nicht zeigen wie sie ist, sondern wie sie sein solle, so antworte ich, daß ich es nicht besser machen will, als der liebe Gott, der die Welt gewiß gemacht hat, wie sie sein soll. Was noch die sogenannten Idealdichter anbetrifft, so finde ich, daß sie fast nichts als Marionetten mit himmelblauen Nasen und affektiertem Pathos, aber nicht
35 Menschen von Fleisch und Blut gegeben haben, deren Leid und Freude mich mitempfinden macht, und deren Tun und Handeln mir Abscheu oder Bewun-derung einflößt. Mit einem Wort, ich halte viel auf Goethe oder Shakespeare, aber sehr wenig auf Schiller. [...]

aus: Karl Pörnbacher et al. (Hrsg.). *Georg Büchner: Werke und Briefe*. München: dtv, 1985[6], S. 272 f.

ma Büchners (am Beispiel *Woyzecks*) und im idealistischen (geschlossenen) Drama Schillers (am Beispiel *Maria Stuarts*)

Unterrichtsverlauf

Phase 1:
Büchners Dramenauffassung

Anhand des Büchner-Briefs (s. Arbeitsblatt 1 auf S. 77f.) erarbeiten die Schüler die von Büchner angestrebte realistische Dramenkonzeption und seine Kritik am Drama des Idealismus, als dessen Hauptvertreter er Schiller ansieht. Falls Büchners Beschäftigung mit der Französischen Revolution in *Dantons Tod* nicht bereits im Rahmen seiner Biographie angesprochen wurde, muß der Lehrer einleitend darauf hinweisen, daß sich der Brief auf dieses Stück und dessen Thematik bezieht. Nach der gemeinsamen Lektüre des Textes wird in Einzelarbeit untersucht, welche poetischen Darstellungsweisen im Drama Büchner aufzeigt und in welchen Punkten sie sich unterscheiden. Ferner soll noch die jeweilige künstlerische Richtung bestimmt werden.
Bei der Auswertung des Arbeitsauftrags werden die sich ergebenden Unterschiede im Hinblick auf Dramenhandlung, Figurenzeichnung, Sprache und dichterische Intention nacheinander parallel besprochen und als Dramenauffassung Büchners bzw. der „Idealdichter" jeweils in einer Querspalte im Tafelbild gegenübergestellt

(siehe Stundenblatt). Die von den „Idealdichtern" verwendete Sprache läßt sich indirekt erschließen (Kunstsprache); die Rubrik kann aber auch einfach mit einem Fragezeichen versehen werden, da sich die folgende Phase mit diesem Aspekt näher beschäftigt. Die Frage nach der künstlerischen Richtung zielt einmal auf Büchners Realismus, der durch die mehrfache Forderung nach Wirklichkeitstreue den Schülern nahegelegt wird, und zum anderen auf den Idealismus, der im Grunde mit dem Hinweis auf die „Idealdichter" bereits genannt ist und den die Schüler im Laufe der Unterrichtseinheit in einem anderen Zusammenhang kennengelernt haben. Beide Bezeichnungen werden im Tafelanschrieb unten notiert und als Gegensatzpaar mit Pfeilen optisch gekennzeichnet. Falls statt „Realismus" „Naturalismus" genannt wird, sollte der Lehrer letzteren kurz als Nachfolgebewegung charakterisieren. Bei schlechteren Kursen oder zur zeitlichen Beschleunigung können die Unterschiede der Dramenauffassung im Hinblick auf Handlung, Figurenzeichnung, Sprache und dichterische Intention gleich in dem Arbeitsauftrag mit vorgegeben werden. Gleichzeitig könnte auch ein entsprechend dem Tafelanschrieb vorstrukturiertes Arbeitsblatt ausgeteilt werden.
Im abschließenden Unterrichtsgespräch wird Büchners dichterische Intention konkret auf *Woyzeck* bezogen und seine Wirkungsästhetik des Mitgefühls inhaltlich besprochen.

Phase 2:
Figurenzeichnung, Dialogführung und Sprache im realistischen und idealistischen Drama

Die von Büchner postulierten Unterschiede zwischen seiner und der idealistischen Dramenauffassung werden nun im zweiten Teil der Doppelstunde am Beispiel von *Woyzeck* und Schillers *Maria Stuart* veranschaulicht. Dazu dient ein Vergleich der *Woyzeck*-Szenen 2 und 16 mit einem Ausschnitt aus der Szene I,4 des Schiller-Stücks (s. Arbeitsblatt 2 auf S. 80ff.), der zusammen mit der Leitfrage und den dazugehörigen Arbeitsaufträgen als Kopie verteilt wird. Der Lehrer sollte die Schiller-Szene zunächst kurz in den Handlungsverlauf einordnen. Da ein Lesen der Szenen mit verteilten Rollen die Unterschiede eindrücklich hervorhebt, wird die Phase mit der gemeinsamen Lektüre begonnen. Die Leitfrage, inwiefern die *Woyzeck*-Szenen realistischer als der Szenenauschnitt aus *Maria Stuart* sind, soll bereits während des Vorlesens die Aufmerksamkeit der Schüler auf das zu bearbeitende Thema lenken, wird aber erst in der Auswertungsphase des umfangreichen Arbeitsauftrags beantwortet. Dieser ist in Form einer Partnerarbeit vorgesehen, um den Austausch von Ideen, Eindrücken und evtl. unterschiedlichen Vorkenntnissen zu ermöglichen. Die im Hinblick auf die Leitfrage zu untersuchenden Aspekte betreffen die dramatische Darstellung der Empfindungen beider Hauptfiguren (Maria bzw. Marie), deren Einsicht in ihr Verhalten, die Dialogführung sowie Unterschiede in sprachlicher Ausdrucksweise und Stilebene. Es empfiehlt sich, den Schülern eine entsprechend dem Tafelbild vorstrukturierte Hektographie auszuteilen, die textlich nur die Überschrift und die linke Längsspalte enthält.

Bei der Auswertung werden die einzelnen Punkte wieder nacheinander – jeweils bezogen auf Schiller und Büchner – gegenübergestellt. Im Unterrichtsgespräch wie im Tafelanschrieb sollte immer zunächst mit *Maria Stuart* begonnen werden, dessen direkte, rationale Darstellungsweise als Folie für *Woyzeck* dient. Als erstes werden die in den Szenen erkennbaren Empfindungen beider Hauptfiguren mündlich genannt (Maria: Schwermut, schlechtes Gewissen, Reue; Marie: Freude, Ärger, Angst [Szene 2], Reue, Verzweiflung [Szene 16]).

Die dramatische Vermittlung dieser Gefühle wird dann in der obersten Querspalte des Tafelanschriebs in der entsprechenden Rubrik festgehalten (verbal direkt; verbal indirekt bzw. non-verbal). Die Einsicht bzw. fehlende Einsicht der Figuren in ihr Verhalten wird in der zweiten Querspalte notiert. Die dritte Querspalte nimmt die Ergebnisse des Auswertungsgesprächs im Hinblick auf die Dialogführung auf, nämlich daß die Figuren inhaltlich und sprachlich (in der variierenden Aufnahme von Formulierungen) aufeinander eingehen bzw. nicht oder nur wenig aufeinander eingehen. An dieser Stelle sollte der Lehrer in bezug auf *Maria Stuart* auf den bildhaften Begriff „enge Verzahnung des Dialogs" (vgl. V. Klotz, 1969, S. 75) hinweisen und ihn im Tafelbild ergänzen. Unterschiede in der sprachlichen Ausdrucksweise ergeben sich in bezug auf grammatikalische Konstruktion, Rhetorik, gedankliche Ordnung und Vers- bzw. Umgangssprache. Bei *Maria Stuart* ist bei der Untersuchung des letzten Aspekts der Stilebene leicht zu erkennen, daß Amme und Königin gleichermaßen ein einheitlicher, gehobener Stil eigen ist. Daß diese Beobachtung auf alle Figuren des Stücks zutrifft, ist von den Schülern aus ihrer Kenntnis des ganzen Stücks leicht festzustellen. Bei *Woyzeck* bedienen sich die Figuren beider Szenen – entsprechend

Schiller: ‚Maria Stuart'

1. Aufzug, 4. Auftritt

Maria. Kennedy.

KENNEDY. Darf Euch der Rohe das ins Antlitz sagen!
Oh, es ist hart!

MARIA *(in Nachdenken verloren)*.
Wir haben in den Tagen unsers Glanzes
5 Dem Schmeichler ein zu willig Ohr geliehn;
Gerecht ist's, gute Kennedy, daß wir
Des Vorwurfs ernste Stimme nun vernehmen.

KENNEDY. Wie? so gebeugt, so mutlos, teure Lady?
Wart Ihr doch sonst so froh, Ihr pflegtet mich zu trösten,
10 Und eher mußt' ich Euren Flattersinn
Als Eure Schwermut schelten.

MARIA. Ich erkenn ihn.
Es ist der blut'ge Schatten König Darnleys,
Der zürnend aus dem Gruftgewölbe steigt,
15 Und er wird nimmer Friede mit mir machen,
Bis meines Unglücks Maß erfüllet ist.

KENNEDY.
Was für Gedanken –

MARIA. Du vergissest, Hanna –
20 Ich aber habe ein getreu Gedächtnis –
Der Jahrstag dieser unglückseligen Tat
Ist heute abermals zurückgekehrt,
Er ist's, den ich mit Buß' und Fasten feire.

KENNEDY. Schickt endlich diesen bösen Geist zur Ruh'.
25 Ihr habt die Tat mit jahrelanger Reu',
Mit schweren Leidensproben abgebüßt.
Die Kirche, die den Löseschlüssel hat
Für jede Schuld, der Himmel hat vergeben.

MARIA. Frischblutend steigt die längst vergebne Schuld
30 Aus ihrem leichtbedeckten Grab empor!
Des Gatten racheforderndes Gespenst
Schickt keines Messedieners Glocke, kein
Hochwürdiges in Priesters Hand zur Gruft.

KENNEDY.
35 Nicht Ihr habt ihn gemordet! Andre taten's!

MARIA. Ich wußte drum. Ich ließ die Tat geschehn
Und lockt' ihn schmeichelnd in das Todesnetz.

KENNEDY. Die Jugend mildert Eure Schuld. Ihr wart
So zarten Alters noch.

40 MARIA.   So zart – und lud
      Die schwere Schuld auf mein so junges Leben.
   KENNEDY. Ihr wart durch blutige Beleidigung
      Gereizt und durch des Mannes Übermut,
      Den Eure Liebe aus der Dunkelheit,
45   Wie eine Götterhand, hervorgezogen,
      Den Ihr durch Euer Brautgemach zum Throne
      Geführt, mit Eurer blühenden Person
      Beglückt und Eurer angestammten Krone.
      Konnt' er vergessen, daß sein prangend Los
50   Der Liebe großmutsvolle Schöpfung war?
      Und doch vergaß er's, der Unwürdige!
      Beleidigte mit niedrigem Verdacht,
      Mit rohen Sitten Eure Zärtlichkeit,
      Und widerwärtig wurd'er Euren Augen.
55   Der Zauber schwand, der Euren Blick getäuscht,
      Ihr floht erzürnt des Schändlichen Umarmung
      Und gabt ihn der Verachtung preis – Und er –
      Versucht' er's, Eure Gunst zurückzurufen?
      Bat er um Gnade? Warf er sich bereuend
60   Zu Euren Füßen, Besserung versprechend?
      Trotz bot Euch der Abscheuliche – Der Euer
      Geschöpf war, Euren König wollt' er spielen,
      Vor Euren Augen ließ er Euch den Liebling,
      Den schönen Sänger Rizzio, durchbohren –
65   Ihr rächtet blutig nur die blut'ge Tat.
   MARIA.
      Und blutig wird sie auch an mir sich rächen,
      Du sprichst mein Urteil aus, da du mich tröstest.
   KENNEDY.
70   Da Ihr die Tat geschehn ließt, wart Ihr nicht
      Ihr selbst, gehörtet Euch nicht selbst. Ergriffen
      Hatt' Euch der Wahnsinn blinder Liebesglut,
      Euch unterjocht dem furchtbaren Verführer,
      Dem unglücksel'gen Bothwell – Über Euch
75   Mit übermüt'gem Männerwillen herrschte
      Der Schreckliche, der Euch durch Zaubertränke,
      Durch Höllenkünste das Gemüt verwirrend,
      Erhitzte –
   MARIA.   Seine Künste waren keine andre
80   Als seine Männerkraft und meine Schwachheit.
      [. . .]

Arbeitsaufträge:

Inwiefern sind die beiden *Woyzeck*-Szenen 2 und 16 realistischer als der Szenen-
ausschnitt aus Schillers *Maria Stuart*?

Untersuchen Sie dazu folgende Fragestellungen:

1. Wie werden die Empfindungen der beiden Hauptfiguren Maria bzw. Marie dem Zuschauer dramatisch vermittelt?
Was sagt dies über die Einsicht der Figur in ihre Verhaltensweise aus?

2. Gehen die Figuren einer Szene im Gespräch aufeinander ein und wenn, auf welche Weise?

3. Welche Unterschiede bestehen in der sprachlichen Ausdrucksweise und in der Stilebene der Szenenfiguren?
Kommen im ganzen Stück jeweils eine oder mehrere Stilebenen vor?

ihrer Unterschichtsherkunft – einer niedrigen Stilebene; erst die Einbeziehung des ganzen Stücks macht (vor allem am Beispiel der Figuren Hauptmann und Doctor) das Vorhandensein unterschiedlicher Stilebenen deutlich. Nach der vollständigen Auswertung des Arbeitsauftrags muß der Lehrer abschließend darauf hinweisen, daß die erarbeiteten Merkmale repräsentativ für das geschlossene Drama *(Maria Stuart)* bzw. für das offene Drama *(Woyzeck)* sind.

Als Zusammenfassung dieser Phase wird noch einmal die Leitfrage vom Beginn aufgegriffen und abschließend beantwortet.

Zusatzstunde 1 (ohne Stundenblatt): ‚Woyzeck' heute? Aktualisierungsversuche

Diese Doppelstunde soll den Schülern Gelegenheit zum produktiven Umgang mit Büchners Drama geben, wobei die Möglichkeiten, das Stück auf die heutige gesellschaftliche Wirklichkeit zu übertragen, im Mittelpunkt stehen. Der Lehrer stellt daher zu Beginn der Stunde den Schülern die Aufgabe, die Fabel von *Woyzeck* auf die Gegenwart zu beziehen und ein Dramenexposé zu schreiben, das den geplanten Handlungsverlauf des „neuen" Stücks enthält. Einzelne Schlüsselszenen sollten dabei ausgearbeitet werden.

Als Arbeitsform für diese kreative Aufgabe bietet sich die Gruppenarbeit an. Ein Gruppensprecher trägt jeweils die aktualisierte Handlung vor; die selbst verfaßten Szenen könnten entweder mit verteilten Rollen von den Gruppenmitgliedern vorgelesen oder – im Idealfall – vorgespielt werden. Abschließend könnten die verschiedenen Vorschläge im Plenum diskutiert werden. Übertragungsmöglichkeiten sahen Schüler in der Situation von gesellschaftlichen Randgruppen wie Behinderten, Asylanten, Drogenabhängigen, Aids-Kranken, Alkoholikern etc. Je nach Einschätzung des Kurses könnte der Lehrer erwägen, als Einstieg in die Gruppenarbeitsphase die wichtigsten Handlungselemente des Stücks zusammenfassen zu lassen: Woyzecks Abhängigkeit von sozial höherstehenden Figuren, seine erlittenen Demütigungen, seine Machtlosigkeit, sein Verlassenwerden von seiner Frau/Geliebten zugunsten eines Rivalen, der mehr zu bieten hat, seine menschliche Einsamkeit. Eine andere Alternative bestünde darin, vor der Gruppenarbeitsphase ein Schülerreferat über Günter Wallraffs Buch *Ganz unten* (Kiepenheuer & Witsch, Köln, 1985) halten zu lassen, das die schlechten

Lebensbedingungen der (meist ausländischen) Leiharbeiter in der Bundesrepublik Deutschland aufzeigt, die mit Woyzecks Situation im Hinblick auf gesellschaftliche Machtlosigkeit, erlittene Demütigungen, Überarbeitung und Einsamkeit durchaus vergleichbar sind. Ferner werden Leute beschrieben, die teilweise ihren Lebensunterhalt damit bestreiten, daß sie sich für medizinische Experimente zur Verfügung stellen. (Weitere Einzelheiten über das Referat siehe S. 15.) Das Buch vermittelt den Schülern Denkimpulse für eigene Aktualisierungsvorschläge. Da möglichst viele unterschiedliche Übertragungsmöglichkeiten ausgearbeitet werden sollten, ist es ratsam, mehrere kleine Gruppen zu bilden.

Die hier vorgeschlagene produktionsorientierte Vorgehensweise bietet sich außer für eine Aktualisierung durchaus auch für andere Unterrichtsmöglichkeiten an. Man könnte am Schluß der Unterrichtseinheit ein Gerichtsverfahren durchführen, bei dem die Schüler die Rollen von Richter, Staatsanwalt, Verteidiger, Angeklagten und Zeugen zunächst mit Argumenten vorbereiten und dann spielen. Die am Prozeß nicht beteiligten Schüler könnten als Geschworene fungieren, die sich während der Verhandlung Notizen als Grundlage ihrer Urteilsfindung machen, anschließend ihre Ansichten miteinander diskutieren und dann einen (begründeten) Urteilsspruch fällen. Falls keine Einigung (etwa über das Strafmaß) erzielt werden kann, genügt eine Darlegung der verschiedenen Standpunkte. Weitere Anregungen könnten dem Unterrichtsvorschlag von R. Lindenhahn (1981, S. 81–90) entnommen werden, der allerdings *Woyzeck* weitgehend in der Form eines Gerichtsverfahrens behandelt.

Ein weiteres produktionsorientiertes Verfahren bestünde darin, die Schüler ein eigenes Dramenende schreiben zu lassen, das von dem in der 13./14. Stunde besprochenen abweicht und begründet werden müßte. Diese Variante ließe sich u.U. auch in einer Einzelstunde bewerkstelligen.

Wegen des notwendigen freien Gestaltungsspielraums liegt für diese Zusatzstunde kein eigenes Stundenblatt vor.

Hausaufgabe

Als Vorbereitung auf die zweite Zusatzstunde, die anhand von drei Inszenierungen einen Einblick in die Theaterrezeption von *Woyzeck* vermittelt, sollen die Schüler einen Auszug aus Edgar Steigers Theaterkritik der Uraufführung in München 1913 (s. Arbeitsblatt auf S. 88f.) lesen, der als Kopie (zusammen mit den Arbeitsaufträgen) verteilt wird. Folgende Fragen sind dabei schriftlich oder mündlich zu beantworten:

1. Wie wird Woyzeck und seine Lage in der Uraufführung beurteilt, und wem wird die Schuld daran zugesprochen?
2. Wird das Stück mehr als Darstellung einer Individualproblematik oder einer sozialen Problematik verstanden?

Zusatzstunde 2: Theaterrezeption am Beispiel ausgewählter Inszenierungen

Sachanalyse

Büchners Dramen wurden erst lange nach seinem Tod uraufgeführt: *Leonce und Lena* 1885 in München, *Dantons Tod* 1902 in Berlin. Die Uraufführung von *Woyzeck* fand am 8. November 1913 – im Jubiläumsjahr von Büchners 100. Geburtstag – im Münchner Residenztheater (zusammen mit *Dantons Tod*) statt.

Die Schwierigkeiten, die sich einer Inszenierung des Stücks entgegengestellt hatten, lagen wohl nicht zuletzt in den ungewohnten technischen und schauspielerischen Anforderungen: der schnelle Szenenwechsel war ebenso zu bewältigen wie die schauspielerische Darstellung eines passiven Helden. Der Regisseur Eugen Kilian erfaßte die formalen Probleme des Stücks mit großer Sensibilität und erzielte einen schnellen Szenenwechsel mit einfachen Bühnenbildern, Verdunklung (statt Vorhang) und einer Drehbühne. Ihm gelang es, eine dichte, stimmungsgeladene Atmosphäre zu schaffen, die Publikum und Kritik in ihren Bann zog.

Büchners Drama war zu jener Zeit nur in der entstellten Fassung von Franzos bekannt, der dem Stück (aufgrund einer fälschlichen Lesung des Namens der Hauptfigur) den Titel *Wozzek* als auch den Untertitel „Ein Trauerspiel-Fragment" gegeben hatte. So wundert es nicht, daß in Kritiken immer wieder von einer „erschütternden tragischen Wirkung" (Colin Ross, 26. 11. 1913, zitiert nach Mayer, 1981[9], S. 149) oder vom „tragischen Gesamtbilde" (Edgar Steiger, s. Arbeitsblatt auf S. 88) die Rede ist. Wie Steigers Kritik zu entnehmen ist, wird die Figur Woyzeck zwar durchaus als armes Opfer der Willkür seiner Vorgesetzten gesehen, aber dies wird nicht als gesellschaftsstrukturelles Problem von Herrschaft, sondern nur als individueller Charaktermangel der beteiligten Herrschenden verstanden. Daher betont die Inszenierung mehr die Individualproblematik – und damit die Tragik – von Woyzecks Schicksal: Woyzeck als leidende, gepeinigte Kreatur, als gequälte, gehetzte Menschenseele.

Kurz nach der Münchner Uraufführung erlebte *Woyzeck* (zusammen mit *Leonce und Lena*) am 17. Dezember 1913 eine weitere Aufführung in Berlin unter der Regie von Viktor Barnowsky. Massive Bühnendekorationen, Szenenwechsel mit Zwischenvorhängen und eine Spielzeit von eineinhalb Stunden (für *Woyzeck* allein) ließen die Inszenierung äußerst langatmig und schwerfällig wirken, was die Kritiker bissig vermerkten. Aber nun schien das Eis gebrochen. Im Zeitraum von 1913 bis 1933 wurde *Woyzeck* 75mal im deutschen Theater aufgeführt (D. Goltschnigg, 1975, S. 57 und 59). Darüber hinaus hatte Alban Bergs Oper *Wozzek* am 14. Dezember 1925 in Berlin Premiere.

Im Dritten Reich ist die Haltung Büchner gegenüber zwiespältig. Als deutscher Klassiker ist er willkommen, aber der Sozialrevolutionär wird abgelehnt, negiert: nur die „Stimme des Dichters" soll erklingen. Daß dieses Vorhaben gerade bei einem Stück wie *Woyzeck* Schwierigkeiten bereitet, spiegeln die Aufführungszahlen wider: zwischen 1933 und 1945 wird es in Deutschland nur zweimal inszeniert. Auch seine Werke werden in diesem Zeitraum kaum neu verlegt (D. Goltschnigg, 1974, S. 35).

Eine ungewöhnliche moderne Regiekonzeption stellt 1981 der Regisseur Matthias Langhoff in Bochum vor. Bereits der gewählte Titel „Marie. Woyzeck" greift die herkömmliche Bühnentradition an, die den Dramentitel des Erstherausgebers Franzos einfach übernahm. Von Büchner selbst ist kein Titel überliefert; nach Langhoffs Auffassung wäre darin sicher Marie erwähnt worden, wie das Beispiel von *Leonce und Lena* zeige (M. Langhoff 1981, S. 24–39, Auszüge abgedruckt auf S. 90 f.). In Langhoffs Konzeption werden beide Hauptfiguren im asozialen Milieu angesiedelt: Marie als Gelegenheitsprostituierte, Woyzeck als Stadtsoldat. Damit ist dieser Angehöriger der niedrigsten, verrohten Truppe, der nur der sozial geächtete Abschaum der Gesellschaft angehört und die für jede Schmutzarbeit gut ist. Sie wird schlecht bezahlt, aber auch nur für Gelegenheitsarbeiten gebraucht. Neben seiner sporadischen Tätigkeit als Stadtsoldat erledigt Woyzeck im Stück auch nur Gelegenheitsarbeiten wie Rasieren des Hauptmanns oder Stöckeschneiden und verkauft darüber hinaus seinen Körper (dem Doctor), nicht seine Arbeitskraft, was in diesem Milieu eine klassische Form des Gelderwerbs darstellt. Das verdiente Geld verwendet er keineswegs nur für altruistische Zwecke; sein liebster Ort ist die Kneipe bzw. der Jahrmarkt. Seine Halluzinationen, die nicht zuletzt durch Alkoholismus bedingt sind, setzt er als Waffe gegenüber seinen Vorgesetzten ein. Dies und seine Verschlagenheit verschaffen ihm Respekt. Sein körperlicher Verfall, Impotenzerscheinungen sowie eine daraus folgende Verächtlichmachung durch Marie einschließlich der öffentlichen Verprügelung durch den Tambourmajor (wieder im Wirtshaus!) bringen Woyzeck zur Gewalthandlung, damit er sich wieder potent und kräftig fühlen kann. Daß der Mord in dieser Hinsicht für ihn ein Erfolgserlebnis war, zeigt seine Reaktion in der anschließenden Wirtshausszene, in der er sich großmäulig, aggressiv und potent gibt.

Die Figuren leben dem Augenblick, genießen Tanz, Rausch, Lust in einer Welt des Asozialen, in der es weder Hoffnung noch Mitleid gibt. Auch das von Woyzeck so oft an den Tag gelegte Selbstmitleid („wir arme Leut'") ist nur eine Waffe gegen die sozial Höherstehenden. Sie empfinden ihre Welt als schön; sie bietet den größtmöglichen Raum an Freiheit. Anpassungszwänge, Arbeitsdruck, Angst vor sozialem Abstieg – „das wirkliche Elend" beginnt erst eine soziale Stufe höher.

Langhoff wendet sich mit dieser Inszenierung gegen die Auffassung, daß Woyzeck ein soziales Tendenzstück sei und bekennt sich freimütig zur radikalen Subjektivität seiner Deutung:

[...] und das Heranziehen des Autors als Kronzeugen für die eigenen Gedanken hat etwas sehr Demagogisches an sich. Man sichert sich ab. (Gegen wen eigentlich und warum eigentlich? Als ob das, worauf man zielt, besser oder schlechter würde, je nachdem, wie weit es mit den Erfahrungen oder Ansichten des Autors übereinstimmt oder nicht). Da jedoch später bei Überlegungen zu den Handschriften des Fragments und einer die eigenen Interessen befriedigenden Fassung sowieso von Büchner die Rede sein muß, warum also jetzt so vornehm sein und der besseren Einsicht folgen. Doch geht die Konzession nur so weit, als daß ich mich sehr spekulativ auf einige Äußerungen, einige Erfahrungen und einige daraus folgende Mutmaßungen berufe und hemmungslos alles dem Entgegenstehende in der Persönlichkeit Büchners wissentlich außer acht lasse – mir also einen Büchner konstruiere, wie er mir paßt. (M. Langhoff. *Theater heute* 1/81, S. 29)

Für seine Interpretation spreche allerdings nicht nur, daß Büchner im Zusammenhang mit *Woyzeck* und *Leonce und Lena* von seinen „Ferkeldramen" gesprochen habe, sondern auch, daß er als Dichter kein Lehrer von Moral sein wolle und auch die in *Dantons Tod* vorkommende Unmoralität verteidigt habe (vgl. Büchners Brief vom 28. Juli 1835 auf S. 77). Darüber hinaus herrsche gerade im asozialen Milieu Fatalismus, „kein verzweifelnder oder deprimierender, sondern ein aggressiver, höhnischer, auch sich selbst verlachender, ein Fatalismus, der das Überleben ermöglicht" (*Theater heute* 1/81, S. 30). In diesem Kontext sei Büchners Fatalismus zu verstehen. Darin spiegle sich auch seine Einsicht wider, daß nur das notwendige Bedürfnis des Volkes eine Gesellschaftsveränderung herbeiführen könne; dieses sei aber (noch?) nicht groß genug.

Für Langhoffs Verständnis des Stückes spielt die Metapher des Jahrmarkts eine große Rolle. Dies sei von alters her ein Schauplatz, der „die niedrigen" menschlichen Instinkte anspreche und mit Monstrositäten die Schaulust befriedige; andererseits komme man dort dem wirklichen Leben näher als anderswo. Die Inszenierung übernimmt die Jahrmarktsmetapher als bühnenbildnerische Grundidee: Bühne und Zuschauerraum werden zum Zirkuszelt.

Aufgrund der provokativen Deutung nahm die Kritik die Aufführung sehr unterschiedlich auf; radikale Ablehnung steht neben der Ansicht, dies sei „ein mutiger Schritt hin zu Georg Büchner" (U. Schreiber, *Frankfurter Rundschau*, zitiert nach *Theater heute* 1/81, S. 22). Eine interessierte Erklärung für Langhoffs Regiekonzept gibt der Theaterkritiker Michael Erdmann (abgedruckt auf S. 91). Er sieht dessen Faszination durch das Asoziale als Ausdruck bürgerlicher Unzufriedenheit mit dem eigenen gesellschaftlichen Schicksal, auf der Suche nach Freiraum.

Einen anderen Akzent als Langhoff setzt 1986 die Inszenierung Jossi Wielers am Stuttgarter Staatstheater, deren Entstehung in vier Videokassetten festgehalten ist (Einzelheiten siehe S. 89). Sie versteht *Woyzeck* prinzipiell als Sozialstück und daher das Leben der Hauptfigur als Folge gesellschaftlicher Verhältnisse. Der Regisseur und sein Team haben sich bei den Vorarbeiten intensiv mit der historischen Situation der Zeit befaßt und auch hessische Dörfer besucht, vor allem Butzbach, in dem Rektor Weidig, der Mitherausgeber des *Hessischen Landboten*, lebte.

Der dadurch gewonnene Eindruck der Abgeschlossenheit und Begrenztheit des dörflichen und kleinstädtischen Lebens- und Denkhorizonts verfestigte sich mit der Zeit mehr und mehr, so daß der Begriff der „Enge" eine zentrale Kategorie der Interpretation wurde. So wird Woyzeck nicht in erster Linie als gehetzte Kreatur gesehen, sondern als ein im Denken verhinderter Mensch in einer engen und bedrückenden Welt, der aus dem Kreislauf des dauernden Geldverdienens nicht mehr herauskommt. Er hätte allerdings durchaus das geistige Potential und die nötige Phantasie, um über die eigene Welt hinauszudenken und auszubrechen, schafft dies aber wegen seiner physischen Situation nicht. In der historischen Situation des 19. Jahrhunderts führte das Hinausdenken über den eigenen Lebenshorizont der Armut und Unterdrückung zu radikalen Konsequenzen wie Auswanderung nach Marokko oder Amerika. Jossi Wielers Inszenierung zeigt Menschen, die dies nicht schaffen und in Resignation und Routine erstarren. So führen Leute im Hintergrund des Bühnenbilds, das, als Einheitsraum konzipiert, Zimmer und Kleinstaat zugleich ist, fast zwanghaft wiederholte, marionettenähnlich starre Arbeitsbewegungen durch, die von verfremdeten, monoton klingenden Geräuschen aus der Arbeitswelt als Bühnenmusik begleitet werden.

Das Auftauchen der beiden Budenbesitzer, von denen der eine eine Globushälfte als Kopfbedeckung trägt, macht in der Stuttgarter Inszenierung das Vorhandensein anderer Lebensmöglichkeiten bewußt. Sie ziehen als Reisende ohne festes Zuhause mit ihrer Jahrmarktsvorstellung durch die Lande und bringen die Perspektive der großen Welt in dieses bedrückende Leben der Enge, das sie durchschauen.

Das Regiekonzept ist nicht nur durch die historischen Bezüge geprägt, sondern auch durch das persönliche Lebensgefühl des Regisseurs, das sein Team offensichtlich teilte: „[...] es hat eher mit einem bestimmten Zeitgefühl zu tun, wobei ich da sicher auch nicht ganz so bewußt gedacht habe, jetzt, 1986, muß man Woyzeck so machen, sondern mein Gefühl heute für diesen Woyzeck ist dieses Gefühl einer engen Welt [...]" (Ausschnitt aus einem Interview mit Jossi Wieler vom Videoband „Das Regiekonzept"). Natürlich sieht auch er, daß sich die Lebensbedingungen in 150 Jahren geändert haben. Es gibt keine (vergleichbare) Armut mehr, bürgerliche Rechte und Freiheiten sind verwirklicht worden, Bildungs- und Informationsmöglichkeiten sind vorhanden. Daher liegt für Jossi Wieler die Enge nicht mehr in den physisch-materiellen Verhältnissen, sondern sie ist für ihn ein psychischer Zustand, der im beengten persönlichen Lebenshorizont bzw. in subjektiv empfundenen Zwängen liegt.

Inszenierungen von *Woyzeck* sind eine Herausforderung für Regisseur, Produktionsteam und Schauspieler, nicht zuletzt wegen der unklaren Textlage. Die häufig gestellte Forderung nach Werktreue von Klassikeraufführungen kann schon deshalb im puristischen Sinne gar nicht erfüllt werden. Vor allem aber ist jede Inszenierung ein Produkt subjektiver Lebenserfahrungen und Intentionen der beteiligten Künstler, besonders des Regisseurs, der äußeren (gesellschaftlichen und technischen) Aufführungsbedingungen und nicht zuletzt des Zeitgeists. Insofern ist jede szenische Umsetzung eines Dramentextes immer bereits eine subjektive Interpretation, die – gewollt oder auch ungewollt – ihre eigene Entstehungszeit reflektiert. Werktreue kann somit nur eine möglichst weitgehende Annäherung an die Autorenintention bedeuten.

Unterrichtsschwerpunkte

– Regiekonzepte der Uraufführung (1913) und zweier moderner Aufführungen der achtziger Jahre (1981 und 1986)

– Inszenierungseinflüsse und das Problem der Werktreue

Unterrichtsverlauf

Phase 1:
Uraufführung in München 1913

Zu Beginn der Stunde erfolgt die Auswertung der Hausaufgabe, bei der ein Ausschnitt aus Edgar Steigers Kritik der Münchner Uraufführung von 1913 unter zwei Aspekten zu bearbeiten war. Je nachdem, wieviel Zeit zwischen dieser und der vorherigen Stunde vergangen ist, könnte es zur Sicherung der gemeinsamen Verständnisgrundlage vorteilhaft sein, den Text vor der mündlichen Auswertung von einem Schüler vorlesen zu lassen. Ein kurzes Unterrichtsgespräch klärt dann die Frage nach der Beurteilung von Woyzeck und seiner Lage (gepeinigte Kreatur, armes Opfer der Willkür seiner Vorgesetzten, gequälte gehetzte Menschenseele = erschütterndes Schicksal) und die diesbezügliche Schuldfrage (Hauptmann, Doctor, Tambourmajor – alle grundlos überheblich). Die Antwort auf die zweite Frage, ob das Stück mehr als Darstellung einer Individualproblematik oder einer sozialen Problematik verstanden wird, ist damit inhaltlich bereits angesprochen und braucht nur noch abschließend zusammengefaßt zu werden. Obwohl die Ursachen von Woyzecks Schicksal durchaus im sozialen Bereich angesiedelt sind, werden sie nur auf die Person der Herrschenden, nicht aber auf die Herrschaftsstruktur selbst zurückgeführt. Daher überwiegt in dieser Inszenierung von *Woyzeck* die Individualproblematik.

Uraufführung von ‚Woyzeck' in München am 8. November 1913 (Regie: Eugen Kilian)

Kritik von Edgar Steiger (Auszug):

[...] Das war aber noch mehr bei der Wozzek[1]-Aufführung der Fall, einer Uraufführung, die achtundsiebzig Jahre nach dem Tode des Dichters stattfand und, wie ich gleich bemerken will, das Publikum im Innersten packte. Auch hier hatte man dafür gesorgt, daß die abgehackten Fragmente sich ohne
5 störende Pausen zum tragischen Gesamtbilde zusammenfügten, und es war erstaunlich, wie dem Zuschauer dabei das Fragmentarische dieses ersten Entwurfes gar nicht zum Bewußtsein kam. So groß ist die dichterische Kraft, die diese kleinen Bilderchen zu einem erschütternden Menschenschicksal zusammensetzt. Schon die Barbierszene zu Anfang, da der selbstzufriedene
10 Hauptmann den armen Wozzek abkanzelt, packte den Zuschauer durch den ingrimmigen Humor, mit dem hier der salbadernde Genüßling dem gehetzten Paria[2] gegenübergestellt wird. Hier und in den Zwïegesprächen zwischen Wozzek und dem Arzt, dem der Ärmste als Versuchskarnickel für seine Erfindung dienen muß, haben wir den ganzen Büchner: hinter der unwider-
15 stehlichen Komik der Erscheinung, die uns ständig zum Lachen reizt, zittert ein tragisches Mitleid mit der gepeinigten Kreatur und ein heiliger Zorn gegen die satten Peiniger, die sich in ihrer moralischen Erbärmlichkeit so hoch erhaben über das arme Opfer ihrer Willkür dünken. Und wie dann die Eifersuchtstragödie beginnt und das einzige, was Wozzek auf dieser Erde hat,
20 ihm aus der Hand gleitet, um einem eitlen Affen von Tambourmajor zum Zeitvertreib zu dienen, und Schlag auf Schlag auf den armen Schächer niedersaust, bis der „gute Mensch, der nur die Untugend hat, zu viel zu denken", zum Mörder wird, da spüren wir überall die Allgegenwart eines großen Dichters. Wie beim Rutenschneiden im Moor sich der Himmel rötet,
25 daß er wie Blut dampft, so ballt sich aus all den kleinen Quälereien dieser gehetzten Menschenseele ein roter Nebel zusammen, in dem die Stimme der berechnenden Vernunft ersticken muß. [...] Hier ist Tragik großen Stils, zumal wenn Wozzek selbst mit der kühlen Selbstverständlichkeit eines Albert *Steinrück* verkörpert wird.

zitiert nach Dietmar Goltschnigg (Hrsg.). *Materialien zur Rezeptions- und Wirkungsgeschichte Georg Büchners.* Kronberg, Ts., 1974. S. 221–223 (Ausschnitte).

[1] Diesen Titel gab der erste Herausgeber des Stücks, Karl Emil Franzos, dem Stück 1879 aufgrund einer fälschlichen Lesung des Namens der Hauptfigur im Manuskript Büchners. Er wurde in einer neuen Dramenausgabe von Georg Witkowski 1920 zu *Woyzeck* korrigiert.

[2] *Unberührbarer:* kastenloser Inder, der als gesellschaftlicher Außenseiter gemieden wird; in der Soziologie übertragen gebraucht für geächtete Randgruppen.

Arbeitsaufträge:

1. Wie wird Woyzeck und seine Lage in der Uraufführung beurteilt, und wem wird die Schuld daran zugesprochen?

2. Wird das Stück mehr als Darstellung einer Individualproblematik oder einer sozialen Problematik verstanden?

Phase 2:
Regiekonzept der Bochumer Aufführung
von 1981

Um den provokativen Regieansatz der Bochumer Inszenierung kennenzulernen, werden Textausschnitte aus einem Aufsatz des Regisseurs Matthias Langhoff und aus der Theaterkritik von Michael Erdmann (s. Arbeitsblatt 1 und 2 auf S. 90f.) in Einzel- oder Partnerarbeit untersucht. Die dabei zu klärenden Aspekte betreffen die Interpretation des Regisseurs und den Erklärungsversuch des Theaterkritikers Erdmann für dieses Regiekonzept. Die Ergebnisse des Arbeitsauftrags werden in einem Unterrichtsgespräch zusammengetragen: Woyzeck als Asozialer in dem subjektiv als schön empfundenen asozialen Milieu ohne Hoffnung, aber mit größtmöglicher Freiheit, die sich der bürgerliche Regisseur mangels Verwirklichung in seiner eigenen Gesellschaftsschicht ersehnt. Eine Stellungnahme der Schüler zu dieser ungewöhnlichen Sicht ist, zusammen mit einer Diskussion der anderen besprochenen Inszenierungen im Hinblick auf den Aspekt der Werktreue, in Phase 4 geplant. Falls sich aber Schüler spontan zur Bochumer Inszenierung äußern, sollte der Lehrer bereits hier eine kurze Diskussionsphase vorsehen.

Phase 3:
Die Stuttgarter Inszenierung von 1986

Nach der Besprechung dieser beiden Inszenierungen wird nun als methodische Abwechslung der Videofilm „Wie entsteht ‚Theater'? Das Regiekonzept: Georg Büchners *Woyzeck* am Staatstheater Stuttgart" (FWU, 1987 – VHS, 22 Min.) vorgeführt, der bei den Landes- und Kreisbildstellen unter der Nummer 4200852 bestellt werden kann. Die Serie über diese Inszenierung des Regisseurs Jossi Wieler umfaßt weitere drei Videokassetten: „Das Bühnenbild" (Nr. 4200853), „Erarbeitung einer Rolle" (Nr. 4200854), „Szenenabschnitte" (Nr. 4200855). Für eine Arbeit mit diesen Filmen sei auf die theaterorientierten Unterrichtsvorschläge des Begleitbandes von R. Haas und H. Willenberg, 1988 verwiesen. Am Beginn des für die Stunde ausgewählten Films steht eine kurze Einführung in Zeithintergrund, Büchners Biographie, Entstehungsgeschichte und Hauptquelle des Stücks, wobei Auszüge aus dem *Hessischen Landboten* und dem Clarus-Gutachten des historischen Mordfalls von entsprechenden Bildern der Inszenierung begleitet werden. Die folgenden Gespräche mit dem Regisseur Jossi Wieler, dem Dramaturgen Hans-Thies Lehmann und der Bühnen- und Kostümbildnerin Anna Viebrock geben Aufschluß über das Inszenierungskonzept. Die Interviews machen zudem den Entwicklungsprozeß eines solchen Konzepts deutlich; auch sie sind mit Szenenausschnitten unterlegt.

Die Sehnsucht nach einem Theater des Asozialen

Der Regisseur Matthias Langhoff über
Büchners „Woyzeck"

[. . .] 2. Schöne Welt
„Öffentlicher Platz, Buden, Lichter, ein alter Mann singt, ein Kind tanzt.
DER ALTE MANN: Auf der Welt ist kein Bestand,
wir müssen alle sterben,
5   das ist uns wohlbekannt.
WOYZECK: He, hopsa, armer Mann, alter Mann, arm Kind, junges Kind,
Sorgen und Feste, hei, Marie, schöne Welt."

Ein armer Mann, der bald stirbt, singt, daß er bald stirbt. Ein junges Kind
10 tanzt dazu, es bleibt noch am Leben, es kann noch tanzen. Das Ganze ist Spaß. Spaß mit der Wahrheit, ein Witz auf das Unvermeidliche, kein Raum für Mitleid. [. . .]
15 Da wird keinem Mut gemacht, keine Hoffnung vorgetäuscht, keine Lüge verherrlicht. So wie es ist, ist es gut. Lied, Tanz und Musik sind grausam und schön. Das glitzert, das flimmert, der
20 Schein ist genießbar, nicht als Traum, einfach als Schein, wie der Suff als Suff, der Rausch als Rausch, die Lust als Lust usw. Der Augenblick wird gelebt, für ihn wird gelebt. Das ist die Welt
25 Woyzecks. Eine Welt ohne Hoffnung, ärmlich, im Schmutz, flackernde Lichter, Spott und Lachen, Schnaps und Tanz und kein Mitleid – seine schöne Welt und eine bessere gibt es nicht für
30 ihn.
Die Behauptung „kein Mitleid" wirkt angesichts des Gesamttextes erst einmal absurd. Gerade Woyzeck gebraucht so oft Mitleidsformulierungen
35 wie „arme Leut", „alles Arbeit unter der Sonn, sogar Schweiß im Schlaf", „wir arme Leut, wir arme Leut", „sehen Sie, Herr Hauptmann", „Geld, Geld", „Herr Hauptmann, ich bin ein

armer Teufel" usw. Jedoch Selbstmit-40 leid begegnet man sehr häufig im asozialen oder im subproletarischen Milieu. Es hat etwas aggressiv Anklägerisches und wirkt nur wenig glaubhaft. Philantropen, die es beeindruckt und 45 die sich zu Hilfsmaßnahmen hinreißen lassen, sei es Umsiedlung aufs Land, Beschaffung besserer Wohnungen oder Arbeitsangebote, Sozialhilfe u. ä., sehen sich nach solchen Aktionen zu-50 meist getäuscht und belogen, denn die besseren Verhältnisse werden ganz schnell wieder in die Bedingungen des Submilieus verwandelt. [. . .]
Das Selbstmitleid ist eine Waffe, um 55 die Betrüger zu betrügen, es ist voller Ironie.
Nur selten gehen Menschen aus freiem Willen ins asoziale Milieu, zumeist werden sie hineingeboren oder hineinge-60 trieben, doch das Leben in der Tiefe übt eine sie bindende Faszination aus. Die Beschränkungen, die Ängste, tiefer zu fallen, die falschen Hoffnungen, das Streben, höher zu kommen, gibt es 65 nicht. Die Illusionen nehmen ganz anderen Charakter an. Man weiß Bescheid über sich und die anderen, also spielt man Theater, als ironisches Spiel auf die Welt: „Morgen hör ich auf zu 70 trinken." „Ich war einmal reich." „Bald

werd ich wieder arbeiten." „Ich beginne ein neues Leben, ich werde ein besserer Mensch." Keiner glaubt es, auch man selbst nicht. Man spielt Theater. Die unterste Stufe ist der größtmögliche Raum der Freiheit. Die wichtigste, mehr gespürte als gewußte Erkenntnis: daß das wirkliche Elend eine Stufe höher beginnt, dort, wo das kleine Almosen sozialer Sicherheit verbunden ist mit unendlicher Arbeit, Angst vor dem Absturz, Sorge um die Zukunft, Hoffnung und der ihr folgenden Enttäuschung, dem Zwang zur Anpassung. Woyzeck spricht von einer schönen Welt – seiner Welt –, die für die Außenstehenden eine unbekannte Welt ist. Wer aber kann von seiner eigenen Welt auch als von einer schönen Welt sprechen? [...]

© Matthias Langhoff. Aus: *Theater heute* 1/81, S. 28f. (Ausschnitte).

Arbeitsauftrag:

Wie interpretiert Langhoff das Stück?

Arbeitsblatt 2

Das Ferkeldrama in der Schaubude

Zu „Marie. Woyzeck" in Bochum

[...] „Marie. Woyzeck" ist weder im Text noch in der Inszenierung ein authentischer Ausdruck dieser [asozialen] Subkultur (das heißt: nicht von derselben hergestellt), von deren subversiver Resistenz Langhoff so nachhaltig fasziniert ist, und so produktiv inspiriert. Die Sehnsucht nach dem Asozialen, dem Verwahrlosten scheint mir eher eine erneute Verwandlung jener bürgerlichen Subjektivität zu sein, die, unzufrieden mit ihrem gesellschaftlichen Schicksal, immer noch und immer wieder auf der Suche nach einem Loch in der Geschichte ist. Der hoffnungs- und mitleidlose Woyzeck doch wieder als hoffnungsvoller Fluchtpunkt? Soll er eine Möglichkeit zeigen, „Nein" zu sagen? Soll er ein Beispiel geben für subversive Autonomie? Wieder ein neues Paradigma? Das Häßliche, das Resistente, das Dionysische meinetwegen, es ist nicht das Loch in der Geschichte, durch das wir aus der eigenen Haut schlüpfen könnten.

© Michael Erdmann, Theater heute, Heft 1/81, S. 23 (Ausschnitt).

Arbeitsauftrag:

Worauf führt der Theaterkritiker Erdmann dieses Regiekonzept zurück?

Falls im Ablauf der Stunde zeitliche Probleme entstehen sollten, so kann die oben beschriebene Einführung, die den Schülern inhaltlich bekannt ist, übersprungen werden, wodurch acht Filmminuten gespart werden. Der bildlichen Inszenierungseindrücke wegen sollte dies aber nur als Notlösung in Betracht gezogen werden.

Bevor die Schüler den Film gemeinsam sehen, wird ein begleitender Arbeitsauftrag erteilt, der nach der Interpretation des Stückes durch den Regisseur und seinem Team fragt sowie nach den Einflüssen, von denen das Regiekonzept geprägt wurde. Die notierten Ergebnisse werden dann im Anschluß an den Film in einem Unterrichtsgespräch zusammengetragen. Dabei erweist sich „Enge" als zentrale Kategorie des Interpretationskonzepts, das von den historischen Lebensverhältnissen und dem eigenen heutigen Lebensgefühl beeinflußt ist. Dies soll von den Schülern aus dem Film noch detaillierter inhaltlich erläutert werden (siehe Stundenblatt).

Phase 4:
Das Problem der Werktreue

Die Einflüsse auf das Regiekonzept, die bei den besprochenen Inszenierungen herausgearbeitet wurden, legen zum Abschluß der Stunde eine Diskussion über das Problem der Werktreue bei Klassikerinszenierungen nahe. Dabei werden die Schüler sicher auf diese Ergebnisse zurückgreifen (Zeitgeist, gesellschaftspolitische Situation, subjektive Lebenserfahrungen des Regisseurs), aber eventuell auch andere Einflüsse aufzeigen (Publikumserwartung, technische Möglichkeiten der Bühne). Die Aussprache, in der die Schüler auch die erarbeiteten Inszenierungen unter diesem Gesichtspunkt beurteilen sollen, sollte zu einer Problematisierung des Begriffs der Werktreue führen, da jede szenische Umsetzung eines Dramentextes bereits Interpretation ist. Gleichzeitig sollte die Grenze subjektiver Auslegungsfreiheit (vor allem auch unter Einbeziehung der Inszenierung Langhoffs) möglichst kontrovers erörtert werden.

Vorschläge für Klausuren

1. Vergleichen Sie das Menschenbild des Hauptmanns und des Doctors mit dem Woyzecks, und überprüfen Sie die Gültigkeit beider Sichtweisen an Woyzecks Lebensbedingungen.
   Welche Absicht verfolgt Büchner mit der Darstellung der Figuren des Hauptmanns und des Doctors?

2. Im geschlossenen Drama steht dem Protagonisten (der Hauptfigur) ein Antagonist (Gegenspieler) gegenüber. Erläutern Sie, wer in Büchners Drama der Gegenspieler Woyzecks ist, und begründen Sie dies aus dem Text.

3. Erläutern Sie die Funktion der Szene „Buden. Lichter. Volk" (Klett-Ausgabe, S. 6–8) in Büchners *Woyzeck*.
   Wie ist diese Szene mit dem übrigen Stück verknüpft? Zeigen Sie in ihr noch andere Elemente des offenen Dramas auf.

4.
> „Daß also Woyzeck's Haß (Aufgebrachtheit) gegen die Woostin *schon lange* bestand, ist kein Entschuldigungsgrund. Er *sollte* diese Stimmung, als Vernunftwesen, als Christ, nicht pflegen" [...]
> „Daß Woyzeck zuletzt *hingerissen* wurde, war eine nothwendige Folge
> 5 seiner Nachgiebigkeit gegen den bösen Vorsatz, seiner Verläugnung der Vernunft, die ihm immer noch zurief: *du thust es nicht;* es war nur die *Vollendung seines Abfalls:* ein *unmoralischer* Act, eben so wie der erste Gedanke der Mordthat: es war nur *die reife Frucht* dieses Gedankens. Wie W. *Sünder vor der That* war, so war er *Verbrecher nach derselben;* Alles aus
> 10 Einem Stück. Es war also keine *Kluft,* kein *Sprung,* wie Herr Marc meint zwischen dem Zustande Woyzeck's *vor* und *nach* der That; sondern der Verbrecher war und blieb sich gleich, und Herr Clarus hat Recht" (1825)
>
> Heinroth, zitiert nach: Lothar Bornscheuer (Hrsg.). *Georg Büchner ,Woyzeck'. Erläuterungen und Dokumente.* Stuttgart, 1974. S. 65.

Legen Sie dar, inwiefern dieses Urteil des Psychiatrie-Professors Heinroth über den historischen Woyzeck repräsentativ für die Rechtsauffassung seiner Zeit ist.
Zeigen Sie an Büchners Darstellung von Woyzeck die Position des Dramatikers auf.

5. Setzen Sie sich kritisch mit der folgenden Meinung aus der Sekundärliteratur auseinander, und erörtern Sie die Frage von Woyzecks Schuld aus Ihrer Sicht:

> Eine *soziologisch-sozialgeschichtliche* Deutung ist die erste, die vielen möglich schien und noch immer scheint. Ihre Anhänger versuchen bewußt oder unbewußt den Woyzeck-Dichter in den revolutionär klassenkämpferischen Sozialismus hineinzuziehen, der für sie selbst verbindlich ist. [...]
> 5 So vernimmt man im Zusammenhang einer solchen rein sozialkritischen Deutungsweise: die Umstände seines materiellen Lebens haben jenen Woyzeck in die Umdüsterung getrieben, in die Auflösung aller seiner Verbindungen mit der Umwelt, ins Verbrechen. Unter solchen Umständen – so scheint es – ist es nicht möglich, kein Verbrecher zu werden. Die Frage
> 10 der sozialen Indikation, die für einen solchen Interpreten vordringlich bleibt, ist gestellt; sie beantwortet sich wie von selbst. Nur von der gesellschaftlichen Lage her ist alles zu verstehen, was in uns „lügt und mordet und stiehlt". Das verdichtet sich ins Allgemein-Verbindliche: die Tragödie des Woyzeck sei ein Produkt sozialer Funktionen und Seinslagen;
> 15 Moral oder Unmoral der Handelnden und Leidenden sei das Ergebnis eines Denkens, das sich im Vollzug gesellschaftlicher Vorgänge und Klassenlagen entwickelt hat. Die marxistische Soziologie tritt als das im voraus gelegte Fundament aller solcher Deutungen zutage, und die bildhafte Andringlichkeit der Szenen des Leidens und der Verfolgung befördert –
> 20 einen intellektuellen Kurzschluß. Denn gerade die „Umstände" sind auswechselbar; die Schäden einer entarteten aristokratischen Gesellschaft aus früheren Jahrhunderten würden genau die gleichen, ja wahrscheinlich sogar gesteigerte Leiden erzeugt haben. Wenn ein heißblütiges Weib sich einem bärenstarken Kerl an den Hals wirft und der schmählich verratene Ehe-
> 25 mann darüber zum Messer greift, so mögen die Anreize und verstärkenden Antriebe aus den gesellschaftlichen Mißverhältnissen der Zeit stammen. Aber trotzdem wurzelt ein solches Geschehen in einer primitivsten Schicht elementarer Menschlichkeit oder Allzumenschlichkeit, die zu allen Zeiten und allerorten jegliche gesellschaftlich sittliche Ordnung durchschlägt. [...]
>
> aus: Kurt May, „Büchner *Woyzeck"*. In: Benno v. Wiese (Hrsg.). *Das Deutsche Drama vom Barock bis zur Gegenwart: Interpretationen II.* Düsseldorf, 1975. S. 89–100; S. 90–92 (Ausschnitte).

6. „Woyzeck ist der Mensch, auf dem alle rumtrampeln. [...] Somit ein Opfer – nicht ein Täter.
Somit ein Dramenheld?
Woyzeck wehrt sich nicht [...] Und als er sich doch wehrt, einmal: da mordet er nicht den Tambourmajor: sondern die Geliebte. Nicht den Räuber: sondern die Geraubte. Nicht den Feind: sondern das eigene Herz."
Alfred Kerr, zitiert nach: Hans Mayer. *Georg Büchner: Woyzeck.* 9. berichtigte Auflage. Frankfurt/Main, 1981, S. 157.

Nehmen Sie zu dieser Äußerung des Theaterkritikers Alfred Kerr Stellung, und begründen Sie sie aus dem Stück.

Welche Erklärungsmöglichkeiten sehen Sie für das von Büchner dargestellte Verhalten Woyzecks im Hinblick auf die politischen Überzeugungen des Autors und die historische Situation der deutschen Gesellschaft.

7. Nennen Sie mehrere Möglichkeiten, wie Büchners Stück enden könnte, und begründen Sie diese aus dem Text.

Zeigen Sie an diesen Beispielen einen möglichen Zusammenhang zwischen einer bestimmten Deutungsperspektive und der Wahl des Dramenschlusses auf.

Welche Schlußvariante finden Sie am überzeugendsten und warum?

Auswahlbibliographie

Primärliteratur

Empfohlene Ausgabe des Dramentexts:
Thomas Kopfermann und Hartmut Stirner (Hrsg.). *Georg Büchner ‚Woyzeck‘. Lese- und Bühnenfassung mit Materialien.* Stuttgart: Klett, 1979.

Gesamtausgabe der Schriften und Werke:
Karl Pörnbacher et al. (Hrsg.). *Georg Büchner: Werke und Briefe.* München: dtv, ⁶1985.

Erläuterungen zum Dramentext

Lothar Bornscheuer (Hrsg.). *Erläuterungen und Dokumente.* Georg *Büchner ‚Woyzeck‘.* Stuttgart: Reclam, 1974.
Walter Hinderer. *Büchner-Kommentar zum dichterischen Werk.* München: Winkler, 1977.

Zur Handschriften- und Editionsproblematik

siehe kommentierte Literaturangaben S. 7f.

Auswahlbibliographien

Gerhard P. Knapp. *Georg Büchner.* 2., neu bearbeitete Auflage. Stuttgart: Metzler, 1984. S. 141–143.
Gerhard P. Knapp. „Neuere Büchner-Literatur für den fachdidaktischen Gebrauch.“ In: Hubert Ivo et al. (Hrsg.). *Diskussion Deutsch,* Heft 92: „Georg Büchner“. Dezember, 1986. S. 568–580.
Albert Meier. *Georg Büchner „Woyzeck“.* München: UTB, 1980. S. 120–127.

Überblick über Leben und Werk

Walter Hinderer. „Portrait Büchners“. In: Horst Albert Glaser (Hrsg.). *Deutsche Literatur. Eine Sozialgeschichte. Band 6: Vormärz.* hrsg. von Bernd Witte. Reinbeck: Rowohlt, 1980. S. 310–321.
Ernst Johann. *Georg Büchner. Mit Selbstzeugnissen und Bilddokumenten.* rororo Bildmonographie. Hamburg, 1958.
Lebendige Lebensdarstellung mit umfangreichem Bildmaterial, die jedoch teilweise nicht mehr dem neuesten Forschungsstand entspricht.
Gerhard P. Knapp. *Georg Büchner.* 2., neu bearbeitete Auflage. Stuttgart: Metzler, 1984.
Kurze wissenschaftliche Einführung.
Herbert Schnierle. *Georg Büchner: Leben und Werk.* Stuttgart: Klett, 1986.
Dieser für Schüler gedachte Überblick eignet sich auch für den Lehrer als erste anschauliche Information.

Aspekte der Werkdeutung

Heinz Ludwig Arnold (Hrsg.). *Text + Kritik,* Band I/II: *Georg Büchner.* 2., verbesserte Auflage. München, 1982. *Band III: Georg Büchner.* München, 1981.
Aufsatzsammlung mit neueren Forschungsbeiträgen und kommentierten Bibliographiehinweisen.
Wilhelm Emrich. „Von Georg Büchner zu Samuel Beckett. Zum Problem einer literarischen Formidee.“ In: Wolfgang Paulsen (Hrsg.). *Aspekte des Expressionismus: Periodisierung, Stil, Gedankenwelt.* Heidelberg: Lothar Stiehm Verlag, 1968.

Georg Büchner: 1813–1837; Revolutionär, Dichter, Wissenschaftler. Katalog der Ausstellung Mathildenhöhe. Darmstadt, 2. August – 27. September 1987. Basel; Frankfurt/Main, 1987.
Dieser auch im Buchhandel erhältliche Katalog führt umfassend in Büchners Zeit, Leben und Werk ein und enthält reichhaltiges Anschauungsmaterial.

Alfons Glück. „Herrschende Ideen: Die Rolle der Ideologie, Indoktrination und Desorientierung in Georg Büchners Woyzeck." Georg-Büchner-Jahrbuch. 5/1985, Frankfurt/Main, 1986. S. 52–137.

Hubert Ivo et al. (Hrsg.). *Diskussion Deutsch,* Heft 92: „Georg Büchner". Dezember, 1986.
Aufsätze über *Dantons Tod, Leonce und Lena* und *Woyzeck* sowie ein Unterrichtsvorschlag zu *Lenz.*

Helmut Krapp. *Der Dialog bei Georg Büchner.* Darmstadt: Hermann Centner Verlag, 1958.
Sehr detaillierte aufschlußreiche Studie zu Büchners Sprache.

Wolfgang Martens (Hrsg.). *Georg Büchner.* Wege der Forschung. Darmstadt: Wissenschaftliche Buchgesellschaft, 1973.
Diese Aufsatzsammlung vermittelt einen Einblick in die ältere Forschungsgeschichte.

Albert Meier. *Georg Büchner „Woyzeck".* München. UTB, 1980.
Empfehlenswerte Analyse des Stücks, die den neueren Forschungsstand berücksichtigt.

Bo Ullman. *Die sozialkritische Thematik im Werk Georg Büchners und ihre Entfaltung im „Woyzeck". Mit einigen Bemerkungen zu der Oper Alban Bergs.* Stockholm: Almquist & Wiksell, 1972.
Sehr informative ausführliche Studie über *Woyzeck.*

Rezeption

Dietmar Goltschnigg. *Rezeptions- und Wirkungsgeschichte Georg Büchners.* Kronberg/Ts.: Scriptor, 1975.

Dietmar Goltschnigg (Hrsg.). *Materialien zur Rezeptions- und Wirkungsgeschichte Georg Büchners.* Kronberg/Ts.: Scriptor, 1974.

Ingeborg Strudthoff. *Die Rezeption Georg Büchners durch das deutsche Theater.* Berlin: Colloquium Verlag, 1957.

Büchner-Preis-Reden 1951–1971. Mit einem Vorwort von Ernst Johann. Bibliographisch ergänzte Ausgabe. Stuttgart: Reclam, 1981.

Büchner-Preis-Reden 1972–1983. Mit einem Vorwort von Herbert Heckmann. Stuttgart, 1984.

Historischer Hintergrund

Dirk Blasius. „Epoche – sozialgeschichtlicher Abriß." In: Horst Albert Glaser (Hrsg.). *Deutsche Literatur. Eine Sozialgeschichte.* Band 6: *Vormärz: Biedermeier, Junges Deutschland, Demokraten.* Hrsg. von Bernd Witte, Reinbeck: rororo, 1980. S. 14–31.

Wilhelm Borth und Eberhard Schanbacher (Hrsg.). *Zeiten und Menschen.* Band 2: *Entfaltung und Krise der modernen Welt: Vom Zeitalter der bürgerlichen Revolutionen bis zum zweiten Weltkrieg.* Paderborn: Schöningh, 1986.

Hans Mayer, *Georg Büchner und seine Zeit.* Frankfurt/Main: suhrkamp taschenbuch 58, [3]1977.

Friedrich Sengle. *Biedermeierzeit: Deutsche Literatur im Spannungsfeld zwischen Restauration und Revolution 1815–1848.* Stuttgart: Metzler, 1980.

Literaturverzeichnis

Baumann, Gerhart. *Georg Büchner: Die dramatische Ausdruckswelt.* 2., durchgesehene und ergänzte Auflage. Göttingen, 1976.

Bell, Gerda E. „Windows: A Study of a Symbol in Georg Büchner's Work." *Germanic Review.* Vol. 47, 1972. S. 95–108.

Benn, Maurice B. *The Drama of Revolt. A Critical Study of Georg Büchner.* Cambridge, 1976.

Bergemann, Fritz (Hrsg.). *Sämtliche Werke und Briefe.* Leipzig, 1922.

Blasius, Dirk. „Epoche – sozialgeschichtlicher Abriß." In: Horst Albert Glaser (Hrsg.). *Deutsche Literatur. Eine Sozialgeschichte.* Band 6: *Vormärz: Biedermeier, Junges Deutschland, Demokraten.* Hrg. von Bernd Witte, Reinbeck: rororo, 1980. S. 14–31.

Bornscheuer, Lothar (Hrsg.). *Erläuterungen und Dokumente. Georg Büchner ‚Woyzeck'.* Stuttgart, 1974.

Bornscheuer, Lothar (Hrsg.). *Georg Büchner, Woyzeck.* Stuttgart, 1978.

Borth, Wilhelm und Eberhard Schanbacher (Hrsg.). *Zeiten und Menschen.* Band 2: *Entfaltung und Krise der modernen Welt: Vom Zeitalter der bürgerlichen Revolutionen bis zum zweiten Weltkrieg.* Paderborn: Schöningh, 1986.

Buch, Wilfried. *Woyzeck. Fassungen und Wandlungen.* Dortmund, 1970.

Dosenheimer, Elise. *Das deutsche soziale Drama von Lessing bis Sternheim.* Darmstadt, 1967.

Erdmann, Michael. „Das Ferkeldrama in der Schaubude. Zu ‚Marie. Woyzeck' in Bochum." *Theater heute* 1/1981. S. 22 f.

Geiger, Heinz und Hermann Haarmann. *Aspekte des Dramas.* Opladen, 1978.

Glück, Alfons. „„Herrschende Ideen': Die Rolle der Ideologie, Indoktrination und Desorientierung in Georg Büchners ‚Woyzeck'." *Georg-Büchner-Jahrbuch.* 5/1985. Frankfurt/Main, 1986. S. 52–137.

Glück, Alfons. „Der ‚Woyzeck'. Tragödie eines Paupers." In: *Georg Büchner: 1813–1837; Revolutionär, Dichter, Wissenschaftler.* Katalog der Ausstellung Mathildenhöhe. Darmstadt, 2. August – 27. September 1987. Basel; Frankfurt/Main, 1987.

Goltschnigg, Dietmar (Hrsg.). *Materialien zur Rezeptions- und Wirkungsgeschichte Georg Büchners.* Kronberg/Ts., 1974.

ders. *Rezeptions- und Wirkungsgeschichte Georg Büchners,* Kronberg/Ts., 1975.

Haas, Roland und Heiner Willenberg. *Theater lesen, sehen, spielen. Ein Unterrichtsmodell am Beispiel von Georg Büchners ‚Woyzeck'.* Stuttgart, 1988.

Hinderer, Walter. *Büchner-Kommentar zum dichterischen Werk.* München, 1977.

Hinderer, Walter. „Portrait Büchners." In: Horst Albert Glaser (Hrsg.). *Deutsche Literatur. Eine Sozialgeschichte,* Band 6: *Vormärz.* Hrsg. von Bernd Witte. Reinbeck, 1980. S. 310–321.

Johann, Ernst. *Georg Büchner. Mit Selbstzeugnissen und Bilddokumenten.* Hamburg, 1958.

Klotz, Volker. *Geschlossene und offene Form im Drama.* München, 1969.

Klotz, Volker. *Dramaturgie des Publikums.* München, 1976.

Kobel, Erwin. *Georg Büchner: Das dichterische Werk*. Berlin, 1974.

Krause, Egon (Hrsg.). *Georg Büchner: Woyzeck*. Frankfurt/Main, 1969.

Langhoff, Matthias. „Die Sehnsucht nach einem Theater des Asozialen." In: *Theater heute* 1/1981. S. 24–39.

Lehmann, Werner R. (Hrsg.). *Sämtliche Werke und Briefe. Historisch-kritische Ausgabe mit Kommentar*. Hamburg, 1967.

Lindenhahn, Reinhard. „Der Fall Woyzeck. Eine Gerichtsverhandlung als inszenierter Leseprozeß in Klasse 11." *Der Deutschunterricht*. 2/1981. S. 81–90.

Martens, Wolfgang. „Zum Menschenbild Georg Büchners." In: ders. (Hrsg.). *Georg Büchner*. Darmstadt, 1973. S. 373–385.

Mautner, Franz H. „Wortgewebe, Sinngefüge und ‚Idee' in Büchners ‚Woyzeck'. In: Wolfgang Martens (Hrsg.). *Georg Büchner*. Darmstadt, 1973. S. 507–554.

Mayer, Hans. *Georg Büchner und seine Zeit*. Frankfurt/Main, [3]1977.

Mayer, Hans. *Georg Büchner: Woyzeck*. 9. berichtigte Auflage. Frankfurt/Main, 1981.

Mayer, Thomas Michael. „Zu einigen neueren Tendenzen der Büchner-Forschung." In: Heinz Ludwig Arnold (Hrsg.). *Text + Kritik*, Band III: *Georg Büchner*. München, 1981. S. 256–311.

May, Kurt, „Büchner, ‚Woyzeck'." In: Benno v. Wiese (Hrsg.). *Das Deutsche Drama vom Barock bis zur Gegenwart: Interpretationen II*. Düsseldorf, 1975. S. 89–100.

Meier, Albert. *Georg Büchner „Woyzeck"*. München, 1980.

Müller-Thurau, Claus Peter. *Laß uns mal 'ne Schnecke angraben: Sprache und Sprüche der Jugendszene*. Düsseldorf, 1983.

Poschmann, Henri. *Georg Büchner. Dichtung der Revolution und Revolution der Dichtung*. Berlin und Weimar, 1983.

Poschmann, Henri. *Büchner: Woyzeck*. Frankfurt/Main, 1985.

Pörnbacher, Karl et al. (Hrsg.) *Georg Büchner: Werke und Briefe*. München, [6]1985.

Reuchlein, Georg. *Das Problem der Zurechnungsfähigkeit bei E.T.A. Hoffmann und Georg Büchner: zum Verhältnis von Literatur, Psychiatrie und Justiz im frühen 19. Jahrhundert*. Frankfurt/Main, 1985.

Rosshoff, Hartmut. „‚Körpersprache' bei Büchner." *Georg-Büchner-Jahrbuch*. 2/1982. Frankfurt/Main, 1983. S. 157–169.

Schings, Hans-Jürgen. *Der mitleidigste Mensch ist der beste Mensch: Poetik des Mitleids von Lessing bis Büchner*. München, 1980.

Schmid, Gerhard (Hrsg.). *Georg Büchner: Woyzeck. Faksimileausgabe der Handschriften*. Leipzig, 1981.

Schnierle, Herbert. *Georg Büchner: Leben und Werk*. Stuttgart, 1986.

Sengle, Friedrich. *Biedermeierzeit: Deutsche Literatur im Spannungsfeld zwischen Restauration und Revolution 1815–1848*. Stuttgart, 1980.

van Dam, Hermann. „Zu Georg Büchners ‚Woyzeck'. *Akzente. Zeitschrift für Dichtung*. 1 (1954). S. 82–99.

Wallraff, Günter. *Ganz unten*. Köln, 1985.

v. Wiese, Benno. (Hrsg.). *Schillers Werke*. Nationalausgabe, Bd. 21: *Philosophische Schriften. Zweiter Teil*. Weimar, 1963.

v. Wiese, Benno. „Georg Büchner. Die Tragödie des Nihilismus." In: ders. *Die deutsche Tragödie von Lessing bis Hebbel*. Hamburg, [7]1967. S. 513–534.

Wittkowski, Wolfgang. *Georg Büchner: Persönlichkeit, Weltbild, Werk*. Heidelberg, 1978.

STUNDENBLÄTTER
Deutsch

für die Sekundarstufe I

Stundenblätter zur Aufsatzerziehung:

Peter Kohrs
Aufsatz - Erzählen
5. / 6. Schuljahr
Klettbuch 927486

Peter Kohrs
Ausatz - Informieren / Appellieren
5. / 6. Schuljahr
Klettbuch 927488

Hartmut Fischer /
Otmar Leppla
Aufsatz - Erzählen / Appellieren
7. / 8. Schuljahr
Klettbuch 927326

Hartmut Fischer/
Otmar Leppla
Aufsatz - Informieren / Argumentieren
7. / 8. Schuljahr
Klettbuch 927325

Peter Lambertz
Fernsehen im Deutschunterricht Klasse 8 bis 10
Programme, Sendeanstalten
Zuschauer - Werbung, Serie,
Nachrichten
Klettbuch 927413

Peter Bekes
Frank Wedekind "Frühlings Erwachen"
Klettbuch 927412

Jörg Bohse /
Wolfgang Pasche
Götz von Berlichingen
Klettbuch 927351

Manfred Eisenbeis
Frisch "Andorra"
Klettbuch 927251

Norbert Berger
Balladen
Unterrichtsmodelle für die
Klassen 5 bis 11
Klettbuch 927332

Peter Haida
Keller "Romeo und Julia auf dem Dorfe"
Klettbuch 927291

Winfried Hermann
"Der Papalagi - Ein Südseehäuptling erlebt unsere Zivilisation
Klettbuch 927301

Rosemarie Lutz / Udo Müller
Stundenblätter Fabeln
Klettbuch 927483

Dieter Schiller
Alfred Andersch "Sansibar oder der letzte Grund"
Klettbuch 927141

Günter Scholdt / Dirk Walter
"Hauptmann von Köpenick"
Klettbuch 927131

Barbara Stamer
Märchen für das 5.-7. Schuljahr
Klettbuch 927241

STUNDENBLÄTTER
Deutsch

für die Sekundarstufe II

Wilhelm Große
**Lessings "Nathan" und die
Literatur der Aufklärung**
Klettbuch 927485

Josef Häfele / Hans Stammel
**Reflexion über Sprache /
Wortbedeutung
und Sprechakte**
Klettbuch 927471

Josef Häfele / Hans Stammel
"Don Carlos"
Klettbuch 927323

Norbert Kinne
"Dantons Tod"
Klettbuch 927411

Rainer Könecke
"Die Blechtrommel"
Klettbuch 927341

Rainer Könecke
**Goethes "Die Leiden des
jungen Werther" und
die Literatur des Sturm
und Drang**
Klettbuch 927329

Ruth von Liebenstein-Kurtz
**Hebbel "Maria Magdalene"
Kroetz "Maria Magdalena"**
Klettbuch 927482

Ruth von Liebenstein-Kurtz
"Woyzeck"
Klettbuch 927328

Udo Müller
**Lenz/ Brecht
"Der Hofmeister"
Lenz/ Kipphardt
"Die Soldaten"**
Klettbuch 927171

Udo Müller
"Wallenstein"
Klettbuch 927231

Willi-Klaus Nawrath
"Faust Teil I und II"
Klettbuch 927451

Reinhard Tschapke
**Heiner Müller:
"Der Lohndrücker" /
"Die Schlacht" /
"Philoktet" u.a. Stücke**
Klettbuch 927322

Adelheid Petruschke
**Lyrik von der Klassik bis
zur Moderne**
Klettbuch 927441

Hanns Peter Reisner/
Rainer Siegle
"Effi Briest"
Klettbuch 927324

Rainer Siegle
"Emilia Galotti"
Klettbuch 927261

Uwe Stamer
Literatur des Mittelalters
Klettbuch 927211

Uwe Stamer
**"Die Verwandlung" /
"Das Urteil"**
Klettbuch 927271

Rainer Werner
Psychoanalyse und Literatur
Klettbuch 927431

Jürgen Wolff
"Der Untertan"
Klettbuch 928411